제4부의 상상력

《 지구와사람 》

제4부의 상상력
바이오크라시, 비인간 생명에게도 투표권이 있다면

제1판 제1쇄 2024년 12월 27일

지은이   안병진
펴낸이   이광호
주간   이근혜
편집   홍근철 김현주 최대연
마케팅   이가은 최지애 허황 남미리 맹정현
제작   강병석
펴낸곳   ㈜문학과지성사
등록번호   제1993-000098호
주소   04034 서울 마포구 잔다리로7길 18(서교동 377-20)
전화   02) 338-7224
팩스   02) 323-4180(편집) 02) 338-7221(영업)
대표메일   moonji@moonji.com
저작권 문의 copyright@moonji.com
홈페이지   www.moonji.com

ⓒ 안병진, 2024. Printed in Seoul, Korea.
ISBN 978-89-320-4346-3 93340

제4부의 상상력

바이오크라시, 비인간 생명에게도 투표권이 있다면

《 지구와사람 》

안병진 지음

문학과지성사

민주주의는 위기를 해결할 수 있을까[1]

> 과거가 자신의 빛을 미래를 향해
> 더 이상 던지지 않기 때문에
> 인간의 정신은 모호함 속에서 방황한다.
> ── 해나 아렌트, 『정치의 약속』

과거의 유럽이 낳은 위대한 지성인 알렉시 드 토크빌과 해나 아렌트는 미래의 미국으로 눈길을 돌렸다. 그들이 자라온 구대륙 유럽은 두 차례 혁명(프랑스와 소비에트)에 성공했지만, 그럼에도 미래에 빛을 비추지는 못했다. 오히려 유럽은 파시즘과 공산주의 체제의 출현으로 비극적인 전쟁과 냉전의 한복판에 휘말려야 했다. 토크빌과 아렌트는 미국 혁명에서 인류의 미래를 발견했다. 그들이 보기에 미국 혁명 모델은 '진보의 교과서'라 할 법한 프랑스 혁명 모델보다 자유와 다원성의 고양이라는 측면에서 더 바람직했다.

---

[1] 이 서문은 안병진, 「미래 세대와 비인간을 대표하는 제4부의 구상」, 『바람과물』 11, 2024, pp. 44~51을 수정·보완한 것이다.

하지만 토크빌과 아렌트가 지금도 살아 있다면, 과연 그들은『미국의 민주주의』와『혁명론』을 처음 출간된 그대로 두었을까? 미국이 미래에 빛을 비추기보다는 어둠 속을 방황하고 있는 현실에서 말이다. 아우슈비츠 지옥을 겨우 벗어나 난민 지위로 미국에 정착한 아렌트는 히틀러의『나의 투쟁』속 문구가 공공연하게 전직 대통령(도널드 트럼프)에 의해 인용되는 걸 상상이나 했을까? 잔혹한 권위주의 체제와의 투쟁에서 자유주의 깃발을 '완전히' 포기하지 않으면서도 결국 승리한 우드로 윌슨(제1차 세계대전)과 프랭클린 루스벨트(제2차 세계대전)는 외부는 물론이고 내부에서도 자유주의 실존이 심각하게 위협받는 현실을 보면 무슨 생각을 할까?

근대의 미래학자라고도 할 수 있는 토크빌과 아렌트가 미국 혁명파의 대표라면, 우리 시대의 미래학자인 제러미 리프킨은 프랑스 혁명파의 대표다. 리프킨은 이미 오래전 개인주의와 종교적 근본주의에 기초한 아메리칸드림의 종말을 고하는 한편, 공동체주의와 세속주의에 기반한 '유러피언드림'을 미래의 빛으로 선언했다.[2] 하지만 오늘날 네덜란드, 프랑스를 비롯해 유럽 대륙에는 강경 우파가 주류에 진입했다. 미래 유토피아의 씨앗으로 칭송된 유럽연합 의회에도 극단주의 세력이 의석 수를 늘려가고 있다. 아메리칸드림보다는 밝다고 해도, 리프킨의

---

2   제러미 리프킨,『유러피언 드림』, 이원기 옮김, 민음사, 2005.

유러피언드림 선언 역시 미래를 비추는 빛으로만 보이지는 않는다.

과거가 미래에 빛을 비추지 못하는 상황에서 오늘날 미국과 유럽 등 자유주의국가들은 안팎으로 힘겨운 도전에 직면했다. 안에서는 트럼피즘과 같은 권위주의적 포퓰리즘과 권력투쟁을, 밖에서는 러시아, 중국 등의 비자유주의국가들과 실존적 투쟁을 벌이고 있다.

토크빌은 두 가지를 예언한 바 있다. 하나는 국내 다수 대중의 고삐 풀린 힘이었고, 다른 하나는 미국과 러시아라는 양대 산맥이 격돌하는 세상이었다. 토크빌의 예언은 크게 틀리지 않았다. 오히려 세상은 그가 상상한 것 이상으로 위험한 시대에 접어들었다. 대중의 힘은 2024년 미국에서 나치 담론을 주저 없이 내뱉은 포퓰리스트를 다시 한번 당선시켰다. 트럼프는 딥 스테이트Deep State(정부 내 비밀 정부)에 맞서는 유일한 민주주의 수호자 행세를 하며 아메리칸드림의 부활을 약속한다. 한편 푸틴의 러시아는 21세기의 라스푸틴, 알렉산드르 두긴의 유라시아주의에 솔깃해 수십 년 동안 지속되어오던 '차가운 평화의 시대'에 균열을 가했다. 시진핑의 중국은 과거 공룡 같던 소비에트나 낡은 화석연료 산업의 '국가 주유소'인 러시아와는 비교할 수도 없는 힘과 야심으로 천하의 꿈을 키우고 있다.

이 전례 없는 도전에 대해 자유주의 진영 각국에서는 다양한 민주주의 개혁안을 논의하고 있다. 또한 국제적으로는 자유주의적 민주주의[3] 국가들이 결집해 공급망을 구축하는 등의 위험 완화 조치들이 다차원적으로 전개되고 있다. 이 노력들은 모두 현실적으로 긴급하고 정당하다. 하지만 이러한 개혁 조치들만으로 윌슨이 말한 '민주주의가 안전한 세계'가 구축될 수 있을까? 제1차 세계대전을 앞두고 윌슨은 민주주의 대 권위주의 대결로 인한 실존적 위험 앞에서 전율했다. 만일 독일 프로이센 권위주의 모델이 세계를 지배한다면 서양 문명은 종말을 고할 것이라고 윌슨은 판단했다.

그러나 우리는 윌슨의 질문에서 한 차원 더 나아갈 필요가 있다. 민주주의가 안전한 세계를 논하기 이전에, 민주주의 모델이 안전한지 다시 생각해보아야 하지 않는가? 민주주의라는 과거가 미래를 비추는 빛이 될 수 없기에 우리가 지금 어둠 속에서 방황하는 것은 아닌가? 권위주의 질서를 상대하는 데 민주주의 진영의 단결과 이를 위한 내부 개혁 조치 정도면 충분한가?

이 질문에 답하는 데 좋은 단서가 되는 에피소드가 있다. 문명 비평가 토마스 베리는 '왜 미국 민주주의의 정수인 존 듀

---

3   내가 이 책에서 일관되게 사용하는 용어 '자유주의적 민주주의liberal democracy'는 대한민국 헌법 제1조 제1항인 민주공화국의 원리와 내용을 표현한다. 법적 측면을 더욱 강조하여 자유주의적 헌정주의 민주주의liberal constitutional democracy를 쓰기도 했다. 국민주권과 법에 의한 지배, 개인과 소수의 권리 등을 포괄하는 개념으로, 한국 극우 진영에서 주로 비자유주의적인 자의적 통치 질서를 합리화하는 방식으로 사용해온 용어 '자유민주주의'와는 구별된다.

이의 실용주의가 중국에서 매력적인 대안으로 받아들여지지 않았을까'라는 중요한 질문을 던졌다. 그의 답은, 수천 년간 웅대한 우주론과 세계관의 세례를 받아온 중국에서 실용을 강조하는 듀이의 관점이 그리 매력적으로 다가오지 않는다는 것이었다. 결국 중국은 더 야심 차고 더 포괄적으로 보이는 중국식 마르크스주의(마오쩌둥 사상)를 선택했다. 이 에피소드는 오늘날 시사하는 바가 크다. 이제 민주주의는 심지어 트럼프 같은 비자유주의자에게 자신을 정당화하는 기제로 이용되면서 그 정신과 내용이 오염되고 있다. 미·중 갈등에서 미국식 또는 유럽식 민주주의나 이에 대한 실용적 개혁 구상이 제3세계에 더 이상 설렘을 주기 어렵다. 지금은 자유주의국가들이 비자유주의국가들도 영감을 받고 최소한의 공통 지대를 만들 수 있는 새로운 가치와 제도를 발명해야 하는 시점이다.

그렇다면 민주주의가 국내외적으로 다시 미래를 비추는 빛이 되고 미·중 갈등과 복합 열전이라는 혼돈의 시대를 건너가기 위해서는 무엇을 해야 하는가? 민주주의를 어떻게 재구성해야 다시 우리에게 국내외적으로 영감을 주는 구상이 될 수 있는가? 나는 두 밀레니얼 세대 정치인의 문제의식을 체계적으로 발전시키며 근본적 답을 찾아가고 싶다.

선출된 공직자나 공인이 아니라 그저 한 인간으로서 말합니다. 엄마가 되는 꿈을 꾸는 이들은 지금 설레면서도 괴로운 느낌을 받습니다. 앞으로 태어날 우리 아이들의 미래를 알기 때문입니다. 지금 우리의 행동은 그들이 겪을 끔찍한 미래에 책임이 있습니다.[4]

우리의 민주주의는 정말로 지금 우리가 마주한 이 위기를 극복할 수 있을까요?[5]

첫째는 미국 민주당의 1989년생 하원 의원 알렉산드리아 오카시오-코르테즈가 2019년 기성세대에게 던진 질문이다. 둘째는 1987년생 한국 정의당의 장혜영 전 국회의원이 과거 1987년 민주화 운동을 주도했던 중년 정치인들에게 던진 질문이다. 현재 이 두 밀레니얼 세대 의원이 미래에 대해 느끼는 끔찍한 회의감과 불안감의 원인을 찾아 대안을 논의하는 것보다 더 긴급한 과제는 없을 것이다.

기후위기, 팬데믹, AI 등이 야기하는 현기증 나는 대전환의 시대에 기존의 정치와 경제정책, 사회제도가 과연 적절한가에 대한 회의감과 불안감은 전 세계적으로 증가하고 있다. 특히 자본주의의 효용성은 어느 때보다 더 의문시되어야 할 만큼

---

4   Alexandria Ocasio-Cortez, "Alexandria Ocasio-Cortez's voice cracks during speech on climate change," C40 World Mayors Summit, 2019. 10. 11.

5   장혜영, 「87년생 청년 정치인이 87의 청년들께 드리는 호소」, 21대 국회 경제 분야 대정부 질의 연설, 2020. 9. 16.

그 영향력이 극단으로 치닫고 있다. 우리의 자본주의는 정말로 우리가 마주한 위기를 극복할 수 있을까? 이 질문을 선두에서 탐구하는 리더는 슈퍼스타 경제학자인 토마 피케티다. 나는 경제학자가 아니라 정치학자이기 때문에, 이 질문을 진지한 연구 대상으로 삼고 있지는 않다. 다만 사회적 상속 등 피케티가 제안하는 급진적 경제 프로그램이, 과연 그에 상응하는 세계관과 정치적 메커니즘으로의 대전환을 자극할 상상력과 운동 없이도 가능할지에 대해서는 회의적이다. 이렇게 기대치가 큰 경제 프로그램이 현실 정치 지형의 벽에 부단히 막힌다면, '열망-실망'이라는 사이클의 덫에 빠져 결국 권위주의적 포퓰리즘과 배타적 애국주의의 복수를 양산하게 되지는 않을까? 우리는 경제적 대전환의 상상력은 물론, 정치적 대전환의 상상력도 발휘할 필요가 있다. 정치 과정에서 경제적 대안도 만들어지기 때문이다. 데이비드 플롯케가 강조하듯, 정치는 사회에 방향을 제시하고 조직하는 요소다.[6]

이 책에서 제안하는 정치체제는 정치적 대전환을 꾀하는 상상력의 일환이다. 비록 당장은 이상주의적으로 들리더라도, 우리는 자유주의적 민주주의를 개혁해나가는 동시에 그것을 넘어서는 더 대담한 정치체제를 상상하고 실험을 축적해야 한

6   David Plotke, *Building a Democratic Political Order*, Cambridge University Press, 1996, p. 56.

다. 이 책은 한 가지 대안으로서 지구와 인간, 현재 인간과 미래 인간, 인간과 비인간이 공존할 수 있는 가치, 포괄적 정치체제를 상상하자고 제안한다. 기존 자유주의 대 비자유주의의 이분법적 대립을 넘어 보다 포괄적인 세계관과 새 질서 말이다. 나는 이를 생명공화주의Bio-Republican 가치와 정치질서라 부른다.

이 책은 이미 오래전 인간 중심의 민주주의democracy의 대안 개념으로서 '바이오크라시biocracy'를 제기한 토마스 베리의 풍부한 사상에 근거한다. 베리는 안타깝게도 이 화두를 구체적으로 전개하지는 않았다. 나는 이 책이 바이오크라시 개념을 현실에서 작동 가능한 제도와 전략으로 구체화하는 데 기여하기를 희망한다. 특히 민주주의에서 바이오크라시로 이행하기 위한 전략으로서 기존 입법부, 행정부, 사법부의 한계를 보완하는 제4부 아이디어를 구체화하는 것이 목표다.

이후부터는 베리의 바이오크라시 개념을 생명공화주의 정치질서로 바꾸어 부를 것이다. 바이오크라시라는 개념은 과학 전문가의 통치 혹은 부정적 의미의 훈육적 통치 기제를 가리키는 생명정치를 연상시킬 수 있기 때문이다.[7] 바이오크라시는 인간중심주의를 벗어나지 못하는 민주주의가 아니라, 생명 존재들의 공존공영을 의미하는 세계관, 담론, 정치 연합, 제도적

---

7 김왕배, 「'비인간 존재'에 대한 사유와 정치의 재구성」, 지구법학회, 『지구법학』, 문학과지성사, 2023, pp. 244~54.

배열 등을 의미한다. 생명의 공존공영이라는 화두를 나는 익숙한 개념인 공화주의를 확장해 풀어볼 것이다. 공화는 이미 민주주의, 자유주의의 개념을 포괄하면서 모든 존재의 더 다원적이고 더 동등한 공동체를 함의한다. 그렇다면 보다 확장된 공화로서, '모든 존재'에 인간만이 아니라 비인간 생명까지 포함되는 공동체를 상상해볼 수 있지 않을까. 나는 이를 '생명공화주의 정치질서bio-republican political order'라 부른다.

내가 바이오크라시를 공화주의와 정치질서의 결합으로 표현하는 이유는, 이를 단지 공화주의라는 이념의 영역으로만 국한해 이해하는 시각을 피하기 위해서이다. 흔히 민주주의를 단지 주의主義로만 이해하면서, 인민주권의 이념인 동시에 부단히 열린 정치 과정이라는 민주주의의 두 측면에서 후자를 배제하곤 한다. 이 책은 이념과 정치질서라는 두 측면의 결합을 더 중시한다.

정치체제political regime라는 흔한 표현보다 정치질서political order라는 개념을 사용하는 이유는, 체제라는 단어가 흔히 서구에서는 권위주의 정권을 가리키는 부정적 의미로도 사용된다는 데 있다. 플롯케에 따르면 "정치질서란 특정 제도와 정책, 담론을 가진 국가적 층위의 정치권력을 조직하고 행사하는 지속적인 양식을 의미한다."[8] 그의 정치질서 개념은 의회 등의 제

---

8   Plotke, 같은 책, p. i.

도는 물론 외부의 이익집단, 사회운동과의 관계 및 상호작용을 포괄한다. 또한 제도적 배열만이 아니라 전략적 정치 블록의 능동적이고 창의적인 정치질서 구축 행위까지 포괄한다. 정치질서 개념은 포괄적인 제도적 배열과 관계, 새로운 담론과 정치 블록의 중요성을 강조하는 데 유용하다.

    물론 기존 민주주의 단어가 지니는 규범적 가치와 영향력을 고려하면 생명민주주의, 생태민주주의 등으로 명명하는 편이 더 나을지 모른다. 그러나 베리가 굳이 민주주의 개념을 폐기하자고 주장한 데는, 우리에게 고착화된 인간 중심의 세계관을 깨고 시야를 넓히려는 의도가 있을 것이다. 민주주의의 그리스어 어원 'democratia'는 인간의 부족 공동체를 함의한다. 인간이 아니라 생명이 주인이 되는 개념일 때 민주주의는 우리의 가치와 제도적 상상력을 온전히 담을 수 있다. 나는 전 세계적으로 베리의 바이오크라시 개념, 혹은 생명공화주의 정치질서가 민주주의만큼이나 교양 용어로 쓰이는 날이 오길 꿈꾼다.

    이 책은 2023년 문학과지성사에서 출간된 『지구법학』에 수록한 나의 글 「민주주의의 실패를 넘어 바이오크라시로」의 주장을 좀더 확장하여 전개한 것이다. 먼저 1장에서는 지배적 민주주의 유형이자 자유주의적 민주주의 구상의 주요 모델인 미국의 입법부, 행정부, 사법부의 3부 체제가 이룬 성과와 한계를 점검한다. 결론부터 말하자면, 미국 건국시조들[9]의 위대한 지혜에도 불구하고 애초 설계의 내재적 결함과 역사적 우연이 결합해 '미래 관리'로서의 정치에 실패했다. 흔히 진보와 보수 양측에서 각기 강조하는 참여의 결함(민주주의 과소)와 심의의 결함(민주주의 과잉) 대신, 이 책은 이 두 가지 결함이 결합되어 (이중의 위기) 민주주의가 오작동을 일으킨다고 강조한다. 2장은 생명공화주의 세계관의 배경이 되는 토마스 베리와 한스 요나스, 마사 누스바움의 철학을 살펴본다. 이때 핵심은 지구 공동체의 통합성integrity 및 존재들의 친교에 대한 세계관과 책임의 윤리, 각 존재의 자유로운 잠재성 발현이다. 이어 3장에서는 생명공화주의 정치질서로 이행하기 위한 전략으로서 제4부 구상을 제기한다. 제4부는 기존 단기주의적 입법·사법·행정기관의 한계를 보완하기 위한 장기주의 관점의 국가기관이다. 더나아가 4장에서는 의회만이 아니라 행정부와 사법부, 기업, 비영리 기관 등에 걸쳐 생명공화주의 정치질서가 어떻게 포괄적으로 구체화될 수 있을지 살펴보는 한편, 새로운 정치질서를 열어갈 때 가장 중요한 주체의 문제를 다룬다. 여기서는 기후위기에 대한 경각심으로 열어젖힌 기회의 창을 넘어 다양한 공화주의 블록을 적극 구성해나갈 때 비로소 전환이 이루어진다고 주장할 것이다. 에필로그에서는 생명공화주의 화두가 지금 미국과 한국의 '임박한 파국' 시대에 여전히 왜 필요한지를 제

---

9   건국시조의 영어 단어인 'Founding Fathers'(건국의 아버지)에는 당시 가부장적 역사의 맥락이 존재한다.

기한다.

　베리의 바이오크라시 화두에 관심을 갖고 연구할 수 있었던 것은 소중한 인연인 재단법인 '지구와사람'의 설립자 강금실 전 법무부장관의 귀한 가르침과 부단한 격려 덕분이었다. 연세대 김왕배 교수, 김준수 연구원을 비롯해 여러 연구자가 속한 지구와사람 소속 세미나 모임 '바이오크라시 연구회'는 언제나 내게 가르침과 우정의 귀한 공간이 되어주었다. 또한 문학과지성사 편집부의 홍근철 대리는 이 책의 초고를 섬세하고 정확하게 교정해주었다. 태재연구재단의 후원을 받아 아테네 민주주의 포럼에서 제4부 구상을 발표하는 과정에서 민주주의와 문화 재단 아킬레스 살타스 회장과 앤서니 케팔러스 부이사장, 게오르기오스 파판드레우 그리스 전 총리의 자상한 멘토링은 내 아이디어를 보다 풍부하게 해주었다. 특히 파판드레우 전 총리는 『뉴욕 타임스』 칼럼에서 기존 입법부, 행정부, 사법부의 3부를 넘어서는 시민들의 제4부를 주창해 나를 비롯한 많은 이들에게 영감을 주었으며, 아킬레스 회장이 따듯하면서도 열정적인 지원을 아끼지 않은 덕분에 나는 유럽 평의회에 초청받아 이 구상을 그들과 공유할 수 있었다. 유럽인들도 기존 민주주의의 오작동을 극복하고자 치열하게 고민하고 있기에 우리는 쉽게 공감대를 형성할 수 있었다. 미래 세대의 전환적 정치를 위해 만들어진 '정치학교 반전'에서 함께한 김성식 운영위원장을 비롯해 유승찬, 이진순, 안희철 운영위원과 실무진, 1, 2기 청년 수강생들은 내게 담론을 현실로 옮기는 실천적 자극을 주었다. 정치학교 반전의 고문이자 DMZ평화생명동산 정성헌 이사장은 생명과 노장청 연대의 화두로 깨어 있도록 자극을 주었다. 정치학교 반전의 멘토인 장혜영 전 국회의원은 언제나 내게 민주주의에 대한 영감과 공화주의적 우정의 에너지를 주는 친구이자 스승이다. 마지막으로, 이 책을 완성하는 과정에서 이주영 님과 안수지 그리고 어머니가 감내해준 희생과 따뜻한 사랑에 감사를 표한다.

비록 이들의 귀한 가르침과 부단한 격려에 부응하려면 아직은 갈 길이 멀지만, 이 책의 화두를 이후 평생에 걸쳐 성숙시켜나갈 것이라 스스로 다짐한다. 내게 이 책은, 책을 내면서 종료하곤 했던 이전 연구 작업들과 달리 시작의 끝일 뿐이다. 토마스 베리, 강금실 전 장관을 비롯한 지구와사람과의 인연과 화두를 통해 남은 인생 나의 조그마한 소명을 찾게 되어 설레는 마음이다.

2024년 12월
안병진

차례

모든 '사람'만이 평등하다

—미국 민주주의 모델, 참여와 심의의 이중 위기

18세기 미국 헌법이 만들어질 당시 논의되지 않았던 사실들이
이제는 핵심 이슈로 토론되어야 한다.
— 토마스 베리, 『토마스 베리의 위대한 과업』

미래를 보는 내 관점이 종말론에 가까워졌음을,
뒤늦게 실토할 수밖에 없다.
— 아서 슐레진저 주니어

미국 건국 설계도를 외부에서 들여다보기

우리는 '전례 없는'이란 수식어 과잉의 시대를 살고 있다. 기후위기와 AI 기술의 가속화된 발전 등이 이 형용사의 사용을 강제한다. 전례가 없다는 말은 이전의 모든 전제를 다 지우고 백지에서 다시 사유해야 한다는 주장으로 자연스럽게 이어진다. 예를 들어, 서구 지성계 일각에서는 타당성과 현실성을 떠나 기후위기의 긴급성 앞에서 권위주의 체제의 필요성을 주장한다. 심지어 AI 기술의 가공할 파급력을 고려해, 국가 규제는 물론이고 핵심 AI 기업을 국유화해야 한다는 주장까지 등장할 정도다. 이미 오래전 '역사의 종말' 이후 레닌의 전시공산주의와 은행 국유화 개념은 폐기된 것처럼 보였으나, 레닌의 유령

이 새로운 형태로 부활하고 있다.[1] 그만큼 세상은 냉전 이후 수십 년간 당연시해온 모든 전제에 대한 도전에 처해 있다.

하지만 서구 지성계의 혼돈과 다양한 스펙트럼의 도발적 주장들에 비해 한국 사회의 담론장은 매우 한가로이 낡은 라디오 소리를 반복 재생하는 것처럼 들린다. 한국 정치 개혁의 향후 과제에 대한 질문에 자동으로 등장하는 대답들은 다음 선택지를 벗어나지 못한다. 정당 명부식 비례 투표, 결선 투표, 내각제 개헌⋯ 우리가 발을 딛고 있는 지층 자체가 크게 흔들리는 만큼, 너무 쉽게 개혁안부터 이야기하기 전에 기존 모든 가정을 재검토할 필요가 있다. 마치 지구를 대기권 외부에서 새로이 바라보듯 낯선 외부의 사유가 요구되는 것이다.

나는 근대 미국 민주주의 모델을 재검토하는 데서 논의를 시작하고자 한다. 근대 문명에서 미국 혁명이 가지는 전환적 의미를 고려한 것이기도 하지만, 무엇보다 한국 정치질서는 비록 변형된 형태이나 미국 대통령제를 원형으로 하고 있기 때문이다. 단, 이 논의는 미국 정치제도의 표면적 작동에 주목하는 흔한 경향과는 결을 달리한다. 오히려 이 제도를 디자인한 건국시조들의 사유와 그 결과물을 전례 없는 현상과 각종 오작동이 나타나는 현재의 전환기 시점에서 들여다볼 것이다. 건국시조들의 과거 도전과 응전을 지금 외부의 시각에서 다시 돌아보면,

---

1   Andreas Malm, *Corona, Climate, Chronic Emergency*, Verso, 2020.

한국을 비롯한 전 세계가 미래 정치질서 구상에서 무엇을 이어가고 무엇을 해체해야 하는지에 대한 단서를 얻을 수 있다. 다만 기존 서양 이성 중심주의 사유를 해체하려 했음에도 결국 문자와 텍스트에 의존하며 근원적으로는 다시 귀환한 자크 데리다 등의 서구 철학이 지닌 한계[2]와는 달리, 서구 외부의 시각에서 더 철저히 해체하고 새로운 사유와 작동 방식으로 구성하고자 한다. 이는 이진경과 최유미가 주장하듯 근대적 사유만이 아니라 그들 심층에 사유의 원형으로 존재하는 고대 그리스 철학까지 거슬러 올라가야 할지 모른다.[3] 그로써 서구인들이 자신도 모르게 전제하는 고대 그리스 시대에 대한 향수를 마찬가지로 한국 정치에 무의식적으로 이식하는 오류를 피할 수 있다.

이 논의가 미국 정치와 언뜻 무관해 보이는 토마스 베리의 우주론과 생태 철학을 정치제도의 개혁과 연관시키는 이유도 다르지 않다. 베리는 서구 사유의 한계를 돌파하기 위해 평생에 걸쳐 토착 미국인의 문화와 유교, 힌두교 등 다양한 문명권의 우주론적 사고를 탐구했다. 오늘날 불확실한 여정의 북극성 기능을 상실한 미국 모델의 근원적 재구성은 이 다문명적 감각 속에서만 가능하다. 기존의 상투적 개혁안을 뛰어넘는 새로운 미래 가치로 한국 정치질서를 재구성해낸다면, 한국은 미래 국

---

2   박정진, 『네오샤머니즘』, 살림, 2018, p. 579.
3   이진경·최유미, 『지구의 철학』, 그린비, 2024, p. 80.

모든 '사람'만이 평등하다

가로의 길을 열어가는 실험 국가가 될 수 있다.

미국 민주주의 모델은 헤겔이 '미래의 국가'라 부를 정도로 당대의 새로운 발명품이었다. 이 같은 민주주의 모델에 힘입어 미국은 근대 이후, 특히 제2차 세계대전 후 다른 국가들의 미래 비전에 영감을 주는 매력적인 국가 역할을 수행했다. 미국 자유주의적 민주주의 모델의 강력한 대안으로 소비에트의 인민민주주의 모델이 등장한 냉전 초기에도 미국 모델의 매력은 빛이 바래지 않았고 결국 냉전을 승리로 이끌었다. 미국의 저명한 지식인 아서 슐레진저 주니어는 미국의 미래를 향한 실험주의experimentalism를 높이 평가하면서 이를 자유주의 최후의 요새vital center에 비유한 바 있다.[4]

하지만 앞의 인용문은 1980년대 들어 그의 자신감과 낙관론이 강한 비관론으로 바뀌었음을 보여준다. 슐레진저가 보기에 1980년대 미국에는 실험주의 정신이 사라지고 정당 간의 비생산적 갈등과 극단적 분열이 만연했다. 슐레진저의 문제 제기는 비단 미국 국내 정치에 대한 비판만이 아니라 외교 안보 전반을 포괄하는 미국 모델 자체에 대해 커져가는 회의감의 표현이기도 하다. 한편 이는 자유주의 지성의 상징인 슐레진저만이 아니라 보수 성향의 공적 지식인들 사이에서도 공통되게 발견할 수 있다. 하워드 위어다는 미국 정치가 지나치게 각 제도

---

4   Arthur M. Schlesinger Jr., *The Vital Center*, Routledge, 1997.

와 유권자별로 파편화되면서, 오작동이 오히려 정상 상태가 되었다고 비탄에 젖기도 했다.[5]

　리버럴 성향의 슐레진저와 보수 성향의 위어다는 2016년 트럼피즘이 대두되기 전, 미국 국회의사당 점거와 선거 불복 등 더욱 악화된 미국 민주주의의 혼란과 오작동을 목도하지 못한 채 사망했다. 만약 그들이 아직 살아 있다면 비관론은 어디까지 진전되었을까? 냉전 시기에 소비에트를 상대로 미국을 자유주의 가치의 최후의 보루라고 간주했다가 비관론에 빠진 슐레진저가 소비에트와는 차원이 다르게 막강한 중국을 상대로 한 '신냉전'에서 어떤 비관주의에 빠질지는 상상 가능하다. 이미 1980년대에 미국의 제도와 유권자가 너무 파편화되고 정부는 망가졌다고 결론 내린 위어다가 신냉전에서 미국의 승리를 의심할 것은 자명하다.

　오늘날 미국 정치학계에서는 슐레진저의 자유주의 최후의 요새론보다는 자유주의 퇴조론이 주류 담론으로서 더 인기를 끌고 있다. 자유주의의 역사적 승리를 너무 일찍 선언했던 프랜시스 후쿠야마가 자유주의의 오작동을 이야기하는 거부권 정치vetocracy 담론으로 뒤늦게 선회한 것은 가장 극적인 예다.[6]

5　Howard Wiarda, *Divided America on the World Stage*, Potomac Books, 2009.

6　Francis Fukuyama, "Vetocracy and Climate Adaptation," *American Purpose* 2022. 12. 19. (https://www.americanpurpose.com/blog/fukuyama/vetocracy-and-climate-adaptation/)

그는 자유주의의 정수이자 자랑인 견제와 균형이 정치적 양극화 시대에 접어들며 오히려 정치적 교착과 위기의 원인으로 작용하는 현실에 극도의 회의감을 표출한다.

더구나 견제와 균형의 근본 토대 자체가 흔들리는 더 심대한 위기에 대한 문제의식이 범람한다. 자유주의의 정수인 견제와 균형의 작동을 중시한 슐레진저는 리처드 닉슨의 '제왕적 대통령' 리더십에 매우 비판적이었다. 슐레진저 리버럴의 계승자들 역시 조지 부시 행정부가 존 유의 단일 행정부론unitary executive theory을 수용해 제왕적 대통령제를 부활시키려 하자 강하게 반발했다. 여기서 단일 행정부론이란 대통령이 의회와 법원으로부터 견제받지 않는 권력을 헌법에 의해 부여받아, 거의 전적으로 행정부를 통치할 수 있다고 주장하는 이론이다. 견제와 균형을 공화국의 절대적 원칙으로 간주하는 자유주의자라면 결코 수용할 수 없다.[7] 그런데 최근 대통령의 지나친 권력 행사와 더불어, 대통령조차 통제할 수 없는 행정부 내의 더 큰 비선출 권력에 대한 문제의식이 자유주의자들 사이에서 늘고 있다. 소위 딥 스테이트론이다.

딥 스테이트론은 큐어논과 같은 극우 음모론자들이 국가 안의 기득권 음모를 주장할 때 즐겨 활용하는 담론이다. 트럼

---

7   Jeffrey P. Crouch, Mark J. Rozell & Mitchel A. Sollenberger, *The Unitary Executive Theory*, University Press of Kansas, 2020.

프는 이를 적극 수용하여, 2016년 대선은 물론이고 2024년 대선 캠페인에서도 딥 스테이트 해체를 가장 중요한 비전으로 내세웠다. 하지만 딥 스테이트론은 이제 그저 주변부 음모론자에게서만 발견되지는 않는다. 미국 대통령제의 역사적 유형과 사이클 연구에 대한 권위자 스티븐 스커러닉은 비대해진 미국 행정부를 딥 스테이트에 비유하며 그 치명적인 부작용에 대해 토로한다.[8] 거부권 정치와 딥 스테이트가 현 미국 정치의 핵심적 특징이라면, 우리는 여전히 이를 자유주의적 민주주의라고 부를 수 있을까?

정치사상과 정치제도론 각 분야의 두 걸출한 권위자가 지닌 문제의식에서 엿볼 수 있듯, 미국 민주주의의 심각한 오작동과 그 개혁 방안은 로버트 달과 같은 일부 진보적 정치학자들의 단골 메뉴가 아니라 미국 주류 학계의 가장 중요한 화두로 부상했다. 특히 트럼프의 자의적 통치가 안겨준 충격 속에서 행정부의 권력 남용을 방지하고 의회의 감시를 강화하는 방안이 다양하게 제기되었다.[9] 더 나아가 미국 민주주의 근간이 흔들리는 현 상황에서 수십 년간 미국 정치의 안정성을 유지해 온 기본 구조에 대해 근본적인 질문을 던지고 해법을 모색하는

---

8   Stephen Skowronek, John A. Dearborn & Desmond King, *Phantoms of a Beleaguered Republic*, Oxford University Press, 2022.

9   Bob Bauer & Jack Goldsmith, *After Trump*, Lawfare Press, 2020; Norman Eisen(ed.), *Overcoming Trumpery*, Brookings Institution Press, 2022.

연구 또한 주류 담론 지형에서 빈번하게 발견된다. 가령 미국식 대통령제와 양당제하에서 공직자 선출 방식의 가장 주요한 제도인 예비 경선과 단순 다수 선출 방식을 호주식 선호투표제ranked voting system나 유럽식 비례대표제로 교체하는 방안들이, 현실성 여부를 떠나 과거 어느 때보다 관심을 끈다.[10]

이러한 견제와 균형 시스템이나 선거법 개혁은 거부권 정치의 현실에서 실현되기 어렵지만, 그럼에도 시급한 일이다. 다만 이 실용주의적 개혁만으로 '민주주의는 우리가 직면한 위기를 극복할 수 있을까'라는 질문에 답할 수 있을지는 확신하기 어렵다. 또한 토마스 베리가 듀이의 실용주의를 언급하면서 세계관 차원의 전환을 화두로 던진 것을 기억할 필요가 있다. 그는 미국 헌법이 제정된 18세기 당시 논의되지 않았던 이슈들을 이제 전면화해야 한다고 예언조로 경고했다. 현기증 날 만큼의 기술 발전에 따라 기후위기가 가속화하고 AI가 등장하는 등 인간의 실존 자체가 위협받는 현실에서 베리의 경고는 심각성을 띤다.

이 책은 장혜영의 민주주의가 가진 문제 해결력에 대한 회의와 베리의 실용주의를 넘어선 세계관 차원에서의 대전환의 문제의식을 공유한다. 이를 위해 건국시조들의 원래 설계도를

---

10   Nathaniel Persily(ed.), *Solutions to Political Polarization in America*, Cambridge University Press, 2015; Lee Drutman, *Breaking the Two-Party Doom Loop*, Oxford University Press, 2020.

다시 들여다보고, 이 설계도 자체의 근본 결함과 부차적 한계를 살펴볼 것이다. 나아가 이후 역사적 전개 과정에서 원래의 의도가 왜곡되는 문제 또한 구분해 볼 것이다. 지금까지의 논의들은 이 두 층위를 명료하게 구분하지 못하면서 단기, 중기, 장기 혁신의 체계적 로드맵을 만들기 어렵게 해왔다. 건국의 설계도를 논외로 전제하고 개혁을 고민하면, 애초 설계도에 내재한 근원적 문제에 대한 문제의식이 약화된다. 반대로 건국의 기본 설계도 자체만을 문제시하면 애초 의도가 가지는 긍정적 측면과 강점 등을 놓치기 쉽다. 이 장은 이러한 문제의식 속에서 민주주의의 기본 구성 요소building blocks를 재구성할 단서를 제공할 것이다.

건국시조들의 기본 설계와 이후 역사적 전개 과정을 살펴본 이 장의 잠정적 소결론은 다음과 같다. 건국시조들은 창의적으로 자유주의적 민주주의 제도를 발명했지만 오늘날 이 모델은 그 내부의 근본 한계와 역사적 전환으로 인해 수명이 다해 죽어가고 있다. 한편 민주주의 모델을 벗어난 새로운 정치 체제는 아직 태아 상태다. 그람시의 표현을 빌리면, 낡은 것은 죽어가고 있는데 새로운 세계는 아직 태어나지 않았다.

원래 설계도와 역사적 전개 과정에서의 오판과 한계를 논하는 것은 다음과 같은 의의가 있다. 첫째, 민주주의 논쟁의 새로운 돌파구가 마련된다. 미국 민주주의 위기를 둘러싼 논쟁은 흔히 한편에는 민주주의 결핍을, 다른 한편에는 반대로 민주주의 과잉을 지적하는 구도로 이뤄지곤 한다. 나는 이 이분법에서 벗어나 이중의 위기 테제를 새로 제기한다. 여기서 이중은 두 가지 의미를 지닌다. 하나는 민주주의 과소와 과잉이 모두 결합된 위기다. 다른 하나는 다양한 현재 이해관계자들을 충분히 대표하지 못하는 단기주의의 위기와 아직 태어나지 않은 미래 이해관계자들(인간과 비인간)을 대표하지 못하는 '장기주의longtermism'의 위기다. 둘째, 오늘날 기후위기와 AI 등 장기주의 이슈에 제대로 대처하기 힘든 민주주의의 오작동을 건국시조의 설계도 자체에 내재한 결함과 이후 역사적 전개가 우연히 결합한 결과로 이해한다. 마지막으로, 장기주의적 관점에서 설계도를 검토함으로써 흔히 미국과 중국의 민주주의를 대조하는 것과 달리 새로운 종합과 대안적 정치질서의 상상을 가능하게 한다. 물론 미국 건국에 대한 재해석은 오늘날 한국 사회에도 큰 함의를 지닌다.

건국시조들의 대표성에 대한 화두

미국의 자유주의적 민주주의 모델은 중국의 비자유주의, 혹은 권위주의 모델과 극명히 대조되는 것으로 묘사되곤 한다. 미국이 유권자의 선거를 통한 아래로부터의 민주적 선출을 강조한다면 중국은 당적 통제를 통한 위로부터의 엘리트 통치를 강조한다는 흔한 관념이 그러하다. 하지만 건국시조들은 다수의 지배라는 고대적 의미의 민주주의에 대부분 매우 회의적이었던 반면, 덕성을 갖춘 엘리트 통치(그들은 이를 공화정이라 불렀다)에 더 큰 호감을 표했다. 현명하고 유능한 엘리트 선출에 대한 선호는 중국의 전통적인 선거에 대한 문제의식과 상통한다. 중국 춘추전국시대 사상가 공자에 따르면, 중국의 선거는 '선현여능選賢與能'이라는 말로 설명할 수 있다. 즉 덕성virtue을 갖춘 유능한 사람을 선발한다는 의미다.[11] 어떤 인물이 그러한 존재로 간주될 수 있을까? 배제하지 않고 통합적이며 공적 질서를 지속 가능하게 이끌어나가는 인물일 것이다. 즉 '누가 우리를 대표할 것인가'라는 문제에서 통념보다 미국과 중국은 공통점이 많다. 물론 아래로부터의 참여민주주의와 다양한 시민적 권리 보장을 동시에 강조(자유주의적 헌정주의)한다는 점에서 중국 체제와 차이가 있지만, 이 공통점은 이후 더 나은 정치질서를 구상할 때 훌륭한 기반이 될 수 있다. 우선 미국 모델의 특징을 살펴보자.

고대 그리스와 로마 모델을 새로 재구성해 미래의 국가를 설계한 미국 건국시조들의 자유주의적 민주주의 정치질서는 근대가 성취한 매우 탁월한 건축물이다. 베르나르 마냉에 따르면, 이는 빈번한 선거에 의한 교체 가능성(민주주의)과 입법부,

---

11   정성헌 평화생명동산 이사장과의 인터뷰, 2023. 12. 8.

행정부, 사법부 간의 견제와 균형(공화주의)을 결합한 창의적 발명이라 할 수 있다.[12] 다수에 의한 집권이라는 민주주의의 기조는 헌법적 원리로 제약된다. 이에 따라 누구나 적법한 절차를 따르지 않고는 개인의 권리를 박탈당하지 않는다.

상호 수평적 견제와 균형을 이루는 입법부, 사법부, 행정부 3부 중 행정부는 전국 유권자의 민의를 대표하는 기능을 한다. 선거에서 다수 선거인단을 통해 당선되기에 흔히 미국 정치에서 대통령은 유권자가 부여한 과제인 '맨데이트mandate'를 유념하면서 국정을 운영하는 관행이 있다. 이 전국적 민의의 대표성은 대표성이 상·하원 두 영역으로 분할된 의회에 비해 더 강력한 기능을 수행한다. 의회의 하원은 각 선거구의 당시 일반적 민심을 대표하고, 상원은 주 차원에서 보다 중·장기적 심의를 맡기 때문이다.

건국시조들이 가장 중시한 의회는 내부적으로 다시 견제와 균형의 체계를 갖춘다. 하원이 개별 민중의 대표성과 반응성에 중점을 둔다면 상원은 연방을 구성하는 주의 대표성과 현자의 책임성을 더 강조한다. 건국시조들은 그때그때 변하는 민중의 열정과 변덕을 대비해 일련의 정교한 장치를 몇 가지 배치했다. 예를 들어 헌법 제정 회의에서 매사추세츠주 연방주의자인 피셔 아메스Fisher Ames는 주의 대표성을 강조한다. 민중의

---

12   버나드 마넹, 『선거는 민주적인가』, 곽준혁 옮김, 후마니타스, 2004.

직선제로 선출되는 하원과 달리, (1913년 수정 헌법 17조에 의해 직선제를 시행하기 전까지) 주 의원에 간선제로 선출되는 상원은 주들의 권리를 반영하는 헌법의 연방적 특징을 대표했다고 그는 지적한다.[13]

매디슨은 『연방주의 교서』 63번에서 "절제되고 존경받는" 상원의 권위를 일반 민중의 목소리와 대비했다. 그는 "상원과 같은 기구는 일시적인 잘못이나 착각으로부터 사람들을 보호"해주는 불가결한 수단이라고 주장한다.[14] 따라서 상원 의원의 경우에는 피선거권 연령 하한선을 하원의 25세에 비해 다섯 살 더 많은 30세로 높이고 임기를 6년으로 하며, 2년마다 3분의 1씩만 교체해 하원과 달리 시민의 변덕으로부터 보호하고 존경받고 안정적인 장기 질서를 유지하고자 했다. 또한 인구수가 평균 70만인 지역구에서 선출되는 하원과 달리, 보통 400만가량 되는 주 단위로 선출되는 상원은 인구수와 다양성을 통해 시민의 변덕으로부터 더욱 잘 보호된다고 믿었다.[15]

헌법적 원리를 안정적으로 구현하는 역할은 사법부라는 헌법 해석의 최종 심급이 수행한다. 이를 위해 건국시조들은 덕성을 갖춘 유능한 연방 대법원 판사들에게 임기 제약과 정치

---

13   Pauline Maier, *Ratification*, Simon & Schuster, 2011, p. 177.

14   알렉산더 해밀턴·제임스 매디슨·존 제이, 『페더럴리스트 페이퍼스』, 김동영 옮김, 한울, 2024, p. 482.

15   Adam Jentleson, *Kill Switch*, Liveright, 2021, p. 30.

적 편견 없이 헌법을 엄격하게 해석하는 기능을 맡겼다. 다만 이들을 교체할 때는 대통령에 의해 임명되고 상원에 의해 인준되는 절차를 통해 가급적 폭넓은 정치적 토대 위에서 자질과 품성 검증을 시도했다. 한편 연방 판사들과 달리 주와 지역구는 대개 선거로 선출되는 정치적 과정을 통해 민주성을 강화하고 연방과의 균형을 시도했다. 준사법기관에 해당하는 검찰 또한 연방 대배심을 통해 기소권을 견제받고 시민의 자유를 확보하는 방식으로 엘리트의 자의성을 경계했다.[16] 이 정교한 상호 견제와 균형 시스템은 기본적으로 당시 건국시조들이 그때그때의 분위기에 휩쓸린 성급한 결정보다는 신중하고 유능한 결정을 더 중시한 결과였다.

이 설계도는 근대 민주주의가 발명한 탁월한 성취라 할 수 있다. 그 점에서는 아렌트가 옳았다. 즉 이 설계도를 통해 프랑스 혁명의 극단적 연장인 소비에트나 중국 혁명과 달리 다수의 지배(민주주의)와 소수의 권리 보장(자유주의적 헌정주의), 인민 의사의 반영(반응성)과 현자의 숙고(책임성) 사이에서 부단히 균형점을 찾아나갈 수 있었다. 이 설계도는 비록 까다롭기는 해도 부단한 헌법 수정을 통해 열린 플랫폼으로 작용한다.

하지만 소비에트를 상대로 한 냉전에서는 승리했다 해도,

---

16   Andrew Guthrie Ferguson, *Why Jury Duty Matters*, New York University Press, 2012, p. 14.

건국시조들이 품은 선현여능의 문제의식이 과연 성공적으로 뿌리내렸는지는 의문이다. 이미 딥 스테이트라고 불릴 만큼 주류 학계에는 극심한 위기론이 팽배한 데다, 특히 선현여능의 꽃이라고 할 수 있는 상원은 오늘날 극단적 당파성과 거부권 정치의 가장 큰 부정적 원인으로 간주된다.[17] 이는 건국시조들이 『연방주의 교서』 62번에서 그토록 강조한 지혜나 안정성과 배치된다. "돈이 많은 소수에게 부당한 이득"을 가져다주지 않기 위해 누구나 이해할 수 있는 예측 가능한 상원이 필요하다고 시조들은 강조했지만, 오히려 현재 상원이야말로 거액의 기부금을 들이붓는 화석연료 산업의 막대한 영향력 아래 놓여 있는 금권정치의 포로다.

왜 상원과 민주주의 제도는 시조들의 의도와 정확히 반대 방향으로 귀결되었는가? 이는 설계도 자체의 내재적 결함인가, 아니면 시조들의 의도를 왜곡한 후대 정치 과정의 부작용인가? 그 대답으로서, 제일 근원적으로는 건국시조들의 선현여능 개념 근저에 깔린 사상적 배경을 의문시해볼 수 있다. 건국시조들의 사상적 배경에는 '타자'를 수용하기보다는 지배하고 배제하는 자산 소유자의 자유 관념이 있다. 이 관념은 현재의 시민들을 충분히 대표하지 못함은 물론이고 장기주의적 미래를 배제하는 민주주의를 낳았다. 단지 미국식 대통령제의 일부 제도

---

17   Jentleson, 같은 책, p. 10.

적 결함으로 인해 결손 민주주의가 된 것이 아니다. 타자를 소유하고 지배하는 세계관과 정치관에 기초한 민주주의는 애초에 제대로 작동하기 어렵다. 따라서 민주주의 결손을 치료할 것이 아니라 잘못된 자유 관념에 기초한 민주주의 개념 자체에 수술칼을 들이댈 필요가 있다.

자유 세계관의 한계와 그 부작용에 대한 오판은 나머지 오판들에 비해 가장 근원적이라 할 수 있다. 이들을 검토하기 전에 먼저 건국시조들의 설계도에 담긴 의도를 살펴보며 실마리를 찾고자 한다.

첫번째 오판 — 인간 중심적 자연권과 자산 소유자의 자유 관념이 낳은 부작용

먼저 건국시조들이 생각한 현명하고 능력 있는 엘리트 선출이라는 관념 자체를 돌아볼 필요가 있다. 매디슨 등 당시 담론을 주도했던 연방주의자들은 대선거구에서 능력 있는 엘리트를 선출하는 데 중점을 두었다. 하지만 이는 원래 지배적인 개념이 아니라 매우 논쟁적인 이슈였다. 당시 많은 반대파들은 엘리트의 수월성보다는 일반 민중과의 공감을 더 중시하면서 매디슨의 엘리트주의에 문제를 제기했다. 매디슨과의 논쟁과 권력투쟁에서 패배한 뒤 잊혀간 이들에게는 반연방주의자라는 불명예스러운 낙인이 찍혔지만, 엘리트주의의 폐해에 대한 이들의 지적은 오늘날 시사하는 바가 크다. 현재 미국의 제도권 정치를 구성하는 인사들은 정서·문화가 일반 시민들과 불일치하는 소수 엘리트층이 다수이기 때문이다.

1930년대 뉴딜 정치질서 이후 민주당은 일반 시민들의 공감을 중시하는 진보 포퓰리즘 기조가 한동안 강했고, 공화당은 엘리트 중심 안정성을 강조하기도 했다. 하지만 1980년대 이후 신자유주의 정치질서가 구축되면서 민주당과 공화당 모두 당내에 포퓰리즘 대변 세력이 약화되고 엘리트주의 성향이 강화되었다. 이 과정에서 배제된 이들의 분노가 잠재되어 있었다. 오늘날 트럼프로 상징되는 백래시와 민주주의 위기는 이 소수 엘리트주의의 지배와 관련되어 있다.[18]

미국 건국 초기에 능력 있고 현명하며 자유로운 엘리트의 핵심 기준 중 하나는 자산을 소유한 개인이어야 한다는 것이었다. 엘리트들은 자산을 소유한 자는 독립적이고 자유롭다는 관념을 통해 자신들의 통치를 합리화했다.[19] 하지만 자유에 대한 엘리트들의 편협하고 남성주의적인 편향이 미국 민주주의의 결정적 타락을 가져올 것이라고는 누구도 예상하지 못했다.

자유와 행복이라는 이상에 기초한 혁명을 경제적 빈곤 탈

---

18   Gary Gerstle, *The Rise and Fall of the Neoliberal Order*, Oxford University Press, 2022.

19   Jennifer Nedelsky, *Law's Relations*, Oxford University Press, 2011.

피의 프랑스 혁명보다 우월하게 본 아렌트도 이 자유의 의미를 치열하게 묻지 않았다는 점에서 건국시조들과 동일하게 틀렸다.[20] 미국 혁명이 프랑스 혁명보다 덜 격렬하고 더 품위 있었던 것은 어디까지나 (남성) 자산 소유자들의 이념과 권력 지배가 헌법 제정 과정에서 안전하게 보장되어 있었기 때문이다.

자산 소유 자유주의 관념에 의한 엘리트 지배는 미국 자본주의 혁신을 만들어낸 법인 혁명과 함께 이후 미국 민주주의가 금권정치로 타락하는 결정적 토대가 되었다. 백승욱이 지적하듯 법인 개념의 발명은 기업에 인격을 부여함으로써 대규모 자본의 동원과 효율화를 가능하게 했다.[21] 이를 효과적으로 활용하여 엄청난 부를 양산하려는 기업가들과 세금을 확보하려는 정치인들의 상호 이익은 법인화 과정의 핵심 동력이었다. 또한 법인 개념을 통한 기업의 인격화는 정치 과정에 영향을 미치기 위해 (정치자금을 통한) 기업의 투표권을 인정하는 법적 조치로 나아갔다. 심지어 수정 헌법 13조와 14조는 기존 반민주적 헌법에 잔존한 노예제를 폐지하기 위해 제정되었지만 이조차 이후 기업의 지배력 확장의 도구로 활용되었다.[22]

오늘날 막강한 자금력을 갖춘 기업과 억만장자 들은 슈퍼팩[23]과 로비를 통해 정치 과정에 무소불위의 힘을 행사한다. 브

---

20   한나 아렌트, 『혁명론』, 홍원표 옮김, 한길사, 2004.

21   백승욱, 『자본주의 역사 강의』, 그린비, 2006.

22   톰 하트만, 『기업은 어떻게 인간이 되었는가』, 이시은 옮김, 어마마마, 2014.

루킹스 연구소 대럴 웨스트의 연구에 따르면, 부자들은 일반인보다 정치 과정에 더 적극적으로 참여한다. 그리고 68퍼센트 이상이 정치 기부금을 내는데, 이는 일반 시민이 14퍼센트인데 비해 월등하게 높다. 이들은 세금, 경제 규제, 사회복지 등의 이슈에서 일반 시민보다 훨씬 더 보수적인 관점을 견지한다.[24] 즉 정치 과정에서 구성원이 동등하지 않게 영향력을 행사한다는 의미이므로 민주주의의 결손이라 평가할 만하다. 프리덤 하우스 지표에 따르면, 미국의 민주주의 지수는 10년 전보다 11포인트나 하락했다. 파나마 등 민주주의에 심각한 결함이 있는 국가와 유사한 지위로 전락한 셈이다.[25] 결국 원내 정당과 의회 지도자의 통제력이 약화되고, 반대로 슈퍼 팩은 강화되는 조건을 이용해 트럼프와 같은 아웃사이더 백만장자가 정당을 지배하는 반민주적 현상은 미국 정치의 예외가 아니라 필연적 결과이자 징후로 이해할 수 있다.

애초에 자산 소유를 중심으로 한 자유 개념은 법인 개념 등 자본주의의 눈부신 혁신을 가져왔지만, 동시에 소수 엘리트 위주의 배제적 정치질서를 만들었다. 제니퍼 네델스키는 페

23　Super PAC. 정치행동위원회Political Action Committee, PAC의 일종으로, 일반 팩과 달리 특정 정치인이나 정당에 직접 후원하는 것이 아니라면 무한정으로 돈을 모을 수 있는 권한을 가진다. 오늘날 미국 금권정치에서 가장 큰 부작용을 유발하는 원인이다.

24　Darrell West, *Power Politics*, Brookings Institution Press, 2022, p. 70.

25　같은 책, p. 72.

미니즘 이론의 성과를 활용하여, 미국 건국시조들의 지배적 자유 관념은 소수자를 권력관계에서 동등한 존재로 간주하지 못하는 것과 맞닿아 있다고 지적한다. 단적으로『연방주의 교서』는 반복적으로 "남성적 용기manly spirit"란 말을 사용한다.[26] 건국 초기 가부장적 사유의 한계는 이후 투쟁을 통해 여성 투표권이 확립된 후에도 다양한 형태로 잔존한다. 대표적 사례가 다양한 주에서 끊임없이 일어나는 비동의 강간법 반대의 움직임이다. 네델스키가 지적하듯, 비동의 강간법에 반대하는 이들은 강간의 본질이 폭력이 아니라 타자를 자의적으로 지배하려는 시도로서 강제된 관계에 있다는 걸 간과한다. 비동의 강간 이슈에서 동의 문제는 성적 관계라는 내밀한 영역에서도 타자를 동등한 관계로서 "존중하는 노력respectful effort"이 필요하다는 의미가 담겨 있기에 반드시 법적 담론에 포함되어야 한다.[27]

네델스키의 자산 소유자 관념 비판을 더욱 확장하면, 건국시조들의 자연권 사상에 담긴 우주론의 한계로까지 거슬러 올라갈 수 있다. 자연권 사상이란 존 로크 등이 이론화한 관념으로, 신이 인간에게 부여한 내재적 권리를 말한다. 토머스 제퍼슨이 기초한 독립선언문은 이를 가장 집약적으로 표현한다.

---

26   Nedelsky, 같은 책, p. 400.

27   같은 책, p. 217.

모든 사람은 평등하게 태어났으며 양도할 수 없는 권리를 조물주에게서 부여받았다는 것을 우리는 자명한 진리로 받아들인다. 그 권리에는 생존권, 자유권, 행복추구권이 포함된다. 이러한 권리를 확보하기 위해 사람들 사이에 정부가 수립되었다.

주로 자산 소유자였던 건국시조들은 자연권을 인간 중심적 권리, 그중에서도 주로 소유적 개인주의 권리로 편협하게 해석했다. 이들의 자연권은 이중의 의미에서 배제적 권리다. 하나는 인간 간의 평등한 자유와 행복 추구가 아니라 자산 소유자에게 기울어진 배제다. 다른 하나는 신이 부여한 권리를 인간만의 특권으로 해석한 배제다.

건국시조들 중 가장 평등주의적이고 자연 친화적인 제퍼슨이 보인 모순은 이를 잘 보여준다. 독립선언문에서 알 수 있듯 소유적 개인주의 흐름인 로크적 사상의 영향을 받았지만, 제퍼슨은 당대 가장 급진적인 공화주의 흐름을 대표한다. 그는 독립적 자영농yeoman의 폭넓은 토지 소유에 기반한 공화주의를 추구했다. 심지어 그의 토지관은 개인을 배타적 소유권자가 아니라 신탁 소유권 개념에 근거한 공유지의 일시적 사용권자로 간주했다.[28] 제퍼슨은 알렉산더 해밀턴 등 다수 건국시조들에

28   Bru Laín & Edgar Manjarín, "Private, Public and Common. Republican and

비해 보다 평등주의적일 뿐 아니라 더 나아가 자연과의 공존을 추구했고, 공존 철학을 구현하는 토착 미국인들에게 존경을 표했다. 하지만 그는 노예제의 수혜자이자 자연을 정복하는 미국적 프런티어주의의 선구자였으며, 대통령으로서 통치 기간에도 토착 미국인에 대해 배제적이었다. 제퍼슨은 자연을 단지 경이로운 존재로, 신이 인간에게 준 선물이자 도구로 간주하는 인간중심주의 우주론을 넘어서지 못했다.[29]

건국시조들에게는 아메리카 원주민과 조우하면서 자연과 공존하는 철학을 배울 기회가 있었다. 특히 제퍼슨은 경이로운 북아메리카 대자연과 그곳에 친화적인 토착 미국인들에 대해 누구보다 애정을 품었다. 토착 미국인들은 인간과 자연의 공존에 대해 신대륙 이주자들에게 교훈을 주었고, 심지어 제퍼슨에게 전쟁 없이 부족들이 공존하는 연방적 구상까지 공유했다.[30] 하지만 뿌리 깊은 인간(더 정확히는 백인 자산가) 중심 자연관 및 자산 소유적 관념을 고수한 건국시조들은 결코 토착 미국인들의 인간과 인간, 인간과 자연의 공존이라는 생태적 감수성을 받아들이기 어려웠다. 이진경은 토착 미국인들이 소유 관념 측면에서도 로마법적 관념인 처분권(훼손할 권리)이 아니라 "지

Socialist Blueprints," *Theoria* 69(171), 2022, pp. 49~73.

29 이에 대한 자세한 대안적 내용은 이후 2장에서 자세히 다룬다.

30 Robert Hieronimus, *America's Secret Destiny*, Destiny Books, 1989(안병진, 『미국의 주인이 바뀐다』, 메디치, 2016, p. 42에서 재인용).

배하는 만큼 돌봄 책임을 갖는 것"이라는 다른 지평의 소유 관념을 지녔다고 지적한다.[31] 강규환에 따르면, 그나마 전원에 대한 낭만이 남아 있던 제퍼슨 시대 이후 미국은 제7대 대통령 앤드루 잭슨의 잭슨 민주주의[32] 시기를 거치면서 문명과 진보에 대한 낙관주의로 전환되었다.[33] 한편 1861~65년 미국 남북전쟁 이후 전개된 산업화와 1869년 대륙횡단철도의 완공은 본격적으로 자연 착취적인 '탄소 민주주의' 시대를 열었다.

두번째 오판 — 정치 영역에서 당파성에 대한 과소평가

앞서 살펴본 것처럼 건국시조들이 강조한 엘리트의 수월성 자체는 정치에서 필수 불가결이다. 안정적이고 미래 지향적인 정치질서를 만들기 위해 장기주의 시야를 가진 현자가 필요하기 때문이다. 예를 들어 제퍼슨은 국가 부채를 세대 간 정의의 문제로 규정했다.[34] 오늘날 미국에서 국가 부채와 세대 간 정의 논쟁이 다시 시작되었지만, 제퍼슨이 전제한 현자들의 심

---

31   이진경·최유미, 같은 책, p. 117.
32   이전 대통령들의 엘리트주의 스타일과 달리 평범한 백인 남성 대중들의 정서에 기반한 반反기득권 정치 양식(포퓰리즘)을 말한다.
33   강규환, 「산업화의 진전과 자연훼손」, 신문수 엮음, 『미국의 자연관 변천과 생태의식』, 서울대학교출판문화원, 2010, pp. 84~85.
34   Joerg Chet Tremmel, *A Theory of Intergenerational Justice*, Routledge, 2009, p. 4.

의 기관으로서 상원은 존재하지 않는다.

현자들의 장기적 심의 공간으로서 상원이 기능 마비에 빠졌다면 어딘가는 견제의 기능을 수행해야 한다. 그런데 놀랍게도 인간 본성에 대해 현실적 시각으로 다양하고 촘촘한 견제 기능을 설계한 시조들이 정작 상원의 마비에 대해서는 어떤 구상을 했는지 보이지 않는다.

인간의 합리성을 비관주의적으로 생각한 건국시조들이 당파적 이익의 힘을 과소평가했다는 건 기이한 퍼즐과 같다. 당파적 정당 체제의 출현을 예상하지 못했을 뿐 아니라, 이들이 매우 신중하고 정교하게 설계한 상원도 만들어지자마자 당파적 성격을 노골적으로 드러냈다. 애초의 숭고한 의도와 달리 주 의회는 상원 의원 선출을 무조건 지연하는 등 각 정당의 당파적 이익에 개별 상원 의원의 판단을 철저히 종속시켰다. 또한 대중의 선거를 거치지 않고 주 의회 의원들 간에 계산과 밀실 협상으로 처리하면서 온갖 부패가 자라는 온상이 되었다.[35]

그럼에도 건국시조들은 장기주의적 시야로 지속성을 갖춘 정치에 대한 희망을 버리지 않았지만, 이후 인민의 덕성과 참여를 강조하는 혁신주의 시대와 포퓰리즘이 부상하면서 이들의 통찰은 잊혀갔다. 로버트 매켄지는 이를 인간에 대한 비관

35   Wendy J. Schiller & Charles Stewart, *Electing the Senate*, Princeton University Press, 2015, p. 9.

에서 낙관으로 바뀐 잭슨 민주주의 시대의 부정적 유산으로 분석하기도 한다.[36]

결국 혁신주의 시대가 도래하자 상원의 부작용 해결이 가장 중요한 개혁 어젠다로 대두되었다. 부패 근절, 시민 참여와 직접민주주의가 새로운 가치로 강조되기 시작했다. 더구나 소수당의 부상을 막고 양당의 독점 체제를 유지하는 데 주 의회 내에서의 간접선거보다는 대선거구에서의 직접선거가 더 유리하다고 판단한 민주당과 공화당이 상호 이해관계를 수렴하여, 결국 통과의 벽이 높은 수정 헌법 17조를 1913년 비준하는 데 성공했다.[37]

이제는 상원에 대한 이 같은 '민주적 개혁'이 정당성을 갖춘 것으로 평가되지만, 의도대로 당파성을 완화하는 성과를 거두었는지는 회의적이다. 과거 주 의회 시절의 당파성이 다수 유권자에 의한 선출 기제로 일부 완화될 수는 있었겠지만, 큰 차이를 만들어내지는 못했다. 초당적 이민 개혁이 수년째 좌초한 현실이 극명하게 시사하듯, 상원에서 초당적 의원 블록은 이슈별로 미미하게만 존재한다. 반면에 다수당 장악을 둘러싼 경합 주에서의 상원 캠페인은 어느 때보다 격렬하다. 1995년 이후 정치 양극화가 갈수록 더 심화되면서 상원이 심각한 당파

---

36   Robert Tracy McKenzie, *We the Fallen People*, IVP Academic, 2021.

37   Schiller & Stewart, 같은 책, p. 197.

적 대립의 장으로 변질되었기 때문이다. 이제 상원에서는 과거와 같이 초당적 연합이 가능한 의원들을 양당에서 찾아보기 어렵다. 오히려 온건한 성향의 정치인들이 은퇴하는 경향이 늘어나고 있다.[38]

더 중요한 문제는, 애초에 건국시조들이 의도한 디자인의 전체 골격이 무너진다는 점이다. 상원마저 직선제가 되면서 하원은 개인을, 상원은 주를 대표한다는 기본 골격이 무너지고 상·하원 공히 개인의 의사를 선거로 반영하는 기관이 되었다. 『뉴욕 타임스』칼럼니스트 자멜 부이가 지적하듯 이는 상원의 존립 근거에 대한 새로운 의문을 불러일으킨다. 만약 상원이 각 주를 대표한다면, 각 주마다 인구수와 무관하게 똑같이 상원 의원 두 명을 선출하는 것이 정당화될 수 있다. 하지만 상원이 직선으로 선출되어 하원처럼 개인을 대표한다면, 인구가 많은 주가 인구가 적은 주와 동등하게 대표되는 상황을 민주적이라 부르기는 어렵다.[39]

특히 '미래 관리'라는 원래 상원의 취지가 더 잘 구현되었는가 하는 측면에서 상원 개혁은 한계가 크다. 건국시조들이 꾀한 미래 관리는 주 의회 간선제를 민주적 선출 시스템으로

---

38   Kayla Guo, "Members of Congress Head for the Exits, Many Citing Dysfunction," *New York Times* 2023. 11. 26.

39   Jamelle Bouie, "The Senate Is Getting Less Democratic by the Minute," *New York Times* 2023. 11. 23.

바꾼다고 해서 더 잘 반영되지 않는다. 오히려 유권자들은『연
방주의 교서』작성자들이 우려했듯 장기적 심의보다는 현재
자신들의 이해관계에 더 충실할 수 있다. 이는 오늘날 인류세
라는 단어가 드러내듯 각 정치제도에 미래에 대한 책임이 각별
히 요구되는 전례 없는 상황에서 더욱 아쉬울 따름이다.

상원을 직선제로 선출하는 혁신주의 시대의 시끌벅적한
헌법 수정에는 건국시조들의 의도와 달리 주의 공식 비준을 거
치지 않은 '조용한 헌법 수정'이 역사적으로 동반되면서 문제
를 더욱 악화시켰다. 애덤 젠틀슨은 존 캘훈에서부터 오늘날
미치 매코널에 이르기까지 필리버스터(합법적 의사 진행 방해)
와 같은 백인 보수주의자들의 무기를 통해 매디슨 등 건국시조
들이 의도한 다수의 지배가 무력화되면서 이제 상원은 극소수
가 심의와 효율성을 심각하게 방해하는 기관으로 전락했다고
개탄한다.[40]

필리버스터는 1787년 미국 헌법 제정 회의 결정문에는 없
었으나, 1841년경에 나타나기 시작했다. 특히 국립은행 설립을
둘러싼 헨리 클레이와 존 캘훈 상원 의원 간의 치열한 대립 과
정에서 나타난 필리버스터는 오늘날과 가장 유사한 형태의 시
작이라 할 수 있다.[41]

---

40   Jentleson, 같은 책.

41   Richard A. Arenberg & Robert B. Dove, *Defending the Filibuster*, Indiana
      University Press, 2012, p. 20.

물론 필리버스터의 규범적 타당성은 여전한 논쟁거리다. 『필리버스터를 옹호하며』의 저자 리처드 아렌버그와 로버트 도브는 필리버스터가 소수자의 이익을 보호하는 견제와 균형의 주된 장치라고 강변한다. 하지만 래리 새버토가 지적하듯, 의원 41명만 확보하면 59명이 찬성하는 의안도 필리버스터로 쉽게 좌절시킬 수 있다. 토론 종결에 60표가 필요하기 때문이다. 이 상원 의원 41명이 인구수가 적은 21개 주에서 선출되었다고 가정하면, 이론적으로 미국 인구의 겨우 17퍼센트가 정치 전체를 좌지우지할 수 있는 셈이다.[42]

이미 건국시조들은 『연방주의 교서』에서 이를 수차례 경고했다. 해밀턴은 『연방주의 교서』 22번에서 "유해한 소수가 다수 여론을 통제하면" 결국에는 "지루한 지연, 끝없이 이어지는 협상과 음모, 공공선의 불명예스러운 타협"으로 귀결된다고 경고한 바 있다.[43] 물론 정치적 양극화와 상원 선거에서의 정치 경쟁이 지극히 심화된 오늘날 어느 당도 필리버스터를 무력화할 60표를 선거에서 얻기란 사실상 불가능하다. 2009년경 1년여의 궐위 기간을 제외하고 60석의 압도적 다수당이 수립된 경우는 근 40년간 없다.[44] 바버라 싱클레어는 그런 의미에서 이제 상원은 입법의 효율성을 위한 두 가지 기준인 심의와 결단력

---

42   Larry J. Sabato, *A More Perfect Constitution*, Bloomsbury USA, 2008, p. 25.

43   Jentleson, 같은 책, p. 28에서 재인용.

44   같은 책, p. 5.

측면에서 실패했다고 사망 선고를 내린다.[45] 수많은 정교한 장치를 탁월하게 배치했음에도 불구하고, 당파성에 대한 안이한 사고는 이후 직선제 개혁과 필리버스터 등의 등장으로 미래 관리 기관으로서 상원이 작동할 수 없게 만들어버렸다.

세번째 오판 — 다원적 경쟁의 중요성에 대한 과소평가

세번째 오판은 당파성 과소평가의 논리적 귀결이기도 한 측면으로, 다원적 경쟁의 중요성에 대한 안이한 인식이다. 넓게 보면 두번째 오판의 범주에 속하는 다원성의 결핍은 이후 미국 민주주의에 치명적 문제를 야기했기에 별도의 범주로 다룬다. 건국시조들은 앞서 『연방주의 교서』 설계도를 통해 지적했듯, 견제와 균형의 수평적·수직적 시스템으로 강력한 당파의 출현을 방지하리라 믿었다.

견제와 균형의 공화주의적 사고방식을 가장 정교하게 이론화한 것은 매디슨의 공이다. 그러나 분파를 다른 분파로 견제해 이후 독점적 정당이 출현하는 걸 막고자 했던 매디슨의 문제의식은 헌법 비준 직후부터 현실의 벽에 부딪혔다. 더구나 리 드러트먼이 지적하듯, 미국이 당시 유일한 선거 방식이었

---

45   같은 책, p. 4.

던 영국의 단순 다수대표제를 채택하면서 양당의 지배가 열렸다.[46] 즉 당파성 및 특정 세력의 지배에 대한 거부감과 영국식 선거 방식 채택의 결합은 오늘날 미국 민주주의 위기의 씨앗을 만들었다. 그들의 당시 안이한 인식에 이어 이후 양당 경쟁 체제의 틀이 고착화되면서 이들의 이해관계에 따라 양당의 독점 체제가 더 강화되어갔다.

흔한 고정관념과 달리, 미국에는 역사적으로 단순 다수대표제만이 아니라 선호투표제 등 다양한 선거제가 공존해왔다. 2021년 뉴욕시에서는 시장과 시의원 등의 예비 경선에서 선호투표제를 실시해, 양당만이 아니라 다양한 소수 정당들이 유권자의 선택을 받기도 했다. 하지만 양당의 정치적 이해관계와 그에 따른 행보는 다른 방식의 선거제를 점차 봉쇄해왔다. 물론 양당의 예비 경선은 다양한 이해관계가 표출되는 장으로 작용하지만, 결국 본선에서 거의 대부분의 주가 채택한 승자 독식은 다양한 소수 세력의 약화와 주요 정치 과정에서의 배제를 초래했다.

최근까지도 이러한 양당의 내부 프라이머리와 본선에서의 승자 독식 경쟁 시스템은 최소한 주류 정치학계에서는 크게 논란이 되지 않았다. 오히려 엘머 E. 샤츠슈나이더 등이 내세운

---

46   Lee Drutman, *Breaking the Two-Party Doom Loop*, Oxford University Press, 2020, p. 30.

양당 경쟁 이론은 양당 간 건강한 경쟁이 미국 민주주의의 활력이라고 강조하기까지 했다. 다만 이들이 놓친 지점은, 그간 양당이 역설적이게도 건국시조들이 혐오한 다양한 당파들로 인해 겨우 작동해왔다는 사실이다. 드러트먼은 1950년대 중반부터 1990년대 중반까지는 양당 시스템이 아니라 '숨겨진 4당 체제'(리버럴 민주당, 리버럴 공화당, 보수적 민주당, 보수적 공화당)였다고 지적한다. 이 시기에는 이들의 교차 투표와 거래로 인해 초당적 타협이 가능했지만, 양당이 보다 단일한 이념적 정당으로 이분법적으로 정립되면서 문제가 본격적으로 나타나기 시작했다고 분석한다.[47]

여기에 2016년 트럼프라는 극단적 정치 세력의 부상과 집권 그리고 공화당 장악은 주류 정치학계마저 크게 흔들어놓았다. 극단적 소수 세력이 손쉽게 양당 중 하나를 장악해나가는 과정은, 유럽의 다당제 간 경쟁과 연정보다 미국의 양당 경쟁 체제가 극단 세력의 영향력에 훨씬 더 취약하다는 것을 보여주었다. 또한 정치 양극화로 인해 양당 간에 생산적 경쟁과 타협을 이루기보다 거부권 정치를 일삼자 샤츠슈나이더류의 양당 경쟁 이론의 효능에 대한 회의감이 증가했다. 민주당 내에서 좌파로 분류되는 오카시오-코르테즈 등은 양당 구조의 제약 속에서 바이든과 같은 중도 진영과의 불가피한 공존과 타협

---

47 같은 책, p. 3.

이 아니라 유럽형 다당제에 대한 공공연한 선호를 자주 밝히기도 했다.[48] 더구나 지구적으로 지배적 경향이 된 소셜 미디어의 정치 과정에 대한 영향력 증가는 극단적 세력의 발호를 더 용이하게 했다. 오늘날 미국 정치학계에서는 그간 기정사실화해 온 양당의 예비 경선, 양당 간 경쟁 체제, 승자 독식 등의 제도에 대해 심각한 회의감을 느끼는 동시에, 유럽식 제도에 대한 관심을 표명하고 있다.[49]

건국시조 시대부터 시작된 당파적 정치에 대한 거부감, 그 연장으로서 다원적 경쟁에 대한 과소평가는 미국 민주주의를 질식시키고 있다. 하지만 이미 수십 년간 뿌리내린 이해관계와 제도의 경로 의존성을 고려할 때 이를 개혁하기란 거의 불가능하다. 그간 로베르토 웅거 등 혁신적 학자들이 유럽식에 가까운 방식(예를 들어 의회 해산권)을 제기했지만 이는 번번이 묵살되어왔다.[50] 현실에서 심각하게 노정되는 문제를 인지하면서도 이를 개혁하는 데 어려움을 겪는 간극 속에서, 미국 민주주의의 미래는 여전히 불투명하다.

---

48 Donica Phifer, "Alexandria Ocasio-Cortez Says America's Two-Party System Can Be 'A Different Thing To Navigate,' Okay With 'Four Or Five' Political Parties," *Newsweek* 2019. 2. 7. (www.newsweek.com/alexandria-ocasio-cortez-says-americas-two-party-system-can-be-difficult-1323173.)

49 Sam Rosenfeld, *The Polarizers*, University of Chicago Press, 2018.

50 로베르토 웅거, 『주체의 각성』, 이재승 옮김, 앨피, 2012.

네번째 오판 — 대통령 권한의 확대 가능성에 대한 과소평가

건국시조들은 영국 왕정에 대한 거부감 속에서 미국 정치를 행정부가 아닌 의회 중심의 제도로 상정한 바 있다. 이들은 같은 건국시조 중 하나인 해밀턴이 미국에 영국 왕정과 유사한 제왕적 대통령제를 도입하려 한다는 두려움을 느꼈다. 따라서 건국 초기 행정부는 대통령과 몇 명의 비서진으로 이뤄진 초라한 모습이었다. 이후 근대 미국을 관찰한 토크빌은 대서양과 태평양으로 격리된 미국의 절묘한 지정학적 조건이 민주주의에 친화적인 작은 국가를 유지하게 한다고 긍정적으로 평가하기도 했다.[51]

제퍼슨 등 일부 건국시조들이 두려워한 해밀턴의 강력한 국가 만들기는 현실로 드러났다. 특히 역사적 전환점은 남북전쟁과 국제 전쟁이었다. 전쟁이 국가를 만든다는 찰스 틸리의 국가 형성 이론이 보여주듯 미국은 애초 신생국 시절부터 수많은 전쟁에 연루되면서 국가가 확대되어왔다.[52] 노아 펠드먼은 주로 국가 통합주의자로 부각되어온 에이브러햄 링컨의 재임 기간에 발발한 남북전쟁이 중앙정부의 권력을 강화하는 새로운 헌정주의로 이행하는 결정적 전환점이었다고 분석하기도

---

51   Aristide R. Zolberg, *How Many Exceptionalisms?*, Temple University Press, 2008.

52   Robert Kagan, *Dangerous Nation*, Reprint Edition, Vintage, 2007.

했다.[53] 남북전쟁 후 이어진 다양한 국제적 개입의 역사에서 미국은 때로는 신생국 시절부터 적극 개입하고(중남미와 필리핀 등) 때로는 주저하면서 제1차 세계대전과 제2차 세계대전에서 제국의 역할을 떠맡게 된다.

대통령직과 국가 안보 인프라의 확대 추세는 슐레진저가 일찍부터 우려했고 스커러닉이 강조한 '딥 스테이트'를 완성했다. 국가 안보의 관계 부처와 종사자 수는 건국시조들이 상상하지 못하는 수준으로 확대되었다. 마이클 글레넌은 자유주의 제도를 주도한 매디슨의 의도와 달리 안보의 실질적 결정이 보이지 않는 곳에서 많이 이루어진다고 비판한다. 예를 들어 군사, 정보, 외교, 법 관련 기구들이 사용하는 예산은 대부분 베일에 가려 있는 의회 감시의 사각지대라 할 수 있다.[54] 이에 따라 대통령의 전쟁 권한에 대한 상원의 실질적 견제는 의회를 우회해 전개할 수 있는 '군사 작전'의 현실 무대에서 큰 힘을 발휘하지 못한다. 최근에는 흥미롭게도 군사 영역보다 더 베일에 가린 우주와 외계 영역에서 민주적 통제력을 회복하기 위한 각종 법안과 청문회를 상·하원에서 시도하지만, 여전히 이 영역은 시민의 감시와 통제의 영역을 벗어나 있다.

---

53   Noah Feldman, *The Broken Constitution*, Picador, 2021.

54   Michael J. Glennon, *National Security and Double Government*, Oxford University Press, 2014.

더 암울한 전망은, 최근 트럼프 진영이 헤리티지 재단[55]과 함께 집권 2기에 대한 비전을 구축한 내용이다. 이는 기존 자유주의적 견제와 균형 가치를 무시하고 단일 행정부론에 입각하여 제왕적 대통령제를 구축하기 위한 시도라 할 수 있다. 전통적 보수주의자인 리즈 체니 전 의원은 선거 불복과 내전이라는 위기 상황에서 대통령이 군을 동원하는 등 사실상 독재로의 추락을 단일 행정부론이 초래할 수 있다고 경고했다.[56]

더 깊이, 더 바깥으로 — 민주주의의 이중 과제

건국시조들의 네 가지 오판과 이후 역사적 전개는 이중의 위기를 가져왔다. 즉 건국시조들의 의도와 달리 민주주의 과소(금권선거)와 민주주의 과잉(상원 의원의 선거 정치 동학)이라는 이중의 위기가 동시에 작용한다. 따라서 시민에 대한 하원의 민주주의적 반응성과 상원의 장기적 안정성이라는 원래의 이중 의도는 작동하지 않게 되었다. 이는 결국 정치의 교착과 비

---

55 트럼프 2기의 비전과 어젠다를 담은 이 재단의 '프로젝트 2025'는 대선 캠페인 내내 민주당이 트럼프의 극단성을 비판하는 공격 초점이 되었다.

56 Ramon Antonio Vargas, "Liz Cheney hopes for Democratic win with US 'sleepwalking into dictatorship,'" *Guardian* 2023. 12. 4. (www.theguardian.com/us-news/2023/dec/04/liz-cheney-support-democrats-trump-dictatorship)

생산적 의회를 만들고, 비자유주의자들에게 이를 악용할 기회를 제공했다.

나아가 또 다른 이중의 위기로서, 당파적 대립의 과정에서 현재의 문제 해결만이 아니라 미래 관리라는 정치 기능이 상실되었다. 권력은 어디까지나 선거에서 대표성을 가지는 당대 유권자들에게 민감할 수밖에 없다는 것을 깊이 생각하지 않았기 때문이다. 당연히 장기적 미래를 고려하지도, 미래 주체들이 선거에서 '종이 돌paper stone'을 던지지도 않는 구조에서 행정부가 이를 긴급한 당면 과제로 설정하기는 어렵다. 실제로 기후 전문가 제임스 스페스가 지적하듯, 미국 연방 행정부는 50년 전부터 이미 기후위기의 악화 추세를 예견했지만 어느 정권도 이를 긴급 사항으로서 적극 대처하지 않았다.[57]

미국 정치를 진보적으로 해석하는 대표적 학자 로버트 달은 그간 미국 민주주의 발전상을 들면서, 다수에 의한 통치를 두려워한 토크빌식 공포를 비판한다.[58] 하지만 미국 민주주의의 오작동이 심각한 현 상황에서 달의 해석은 비판적으로 볼 여지가 많다. 지금처럼 하원과 상원 모두 선거를 통한 당선이 일차적 동기일 수밖에 없는 데다 정치적 양극화가 심화된 조건이라면, 선거 및 당파성과 무관하게 소수의 권익을 보호하려는

---

57   James Gustave Speth, *They Knew*, MIT Press, 2022.

58   Robert A. Dahl, *How Democratic Is the American Constitution?*, Yale University Press, 2003, p. 134.

1장

이들이 제도적으로 보장되는 시스템이 필요하다. 더구나 오직 현재만을 고려하는 유권자들이 사회 다수를 이룬다면, 태어나지 않은 미래 세대와 비인간 존재의 이익은 갈수록 훼손될 수밖에 없다. 우리는 현재의 다수에 의한 민주적 통치를 이루는 것, 그리고 현재의 유권자 소수와 미래 존재의 이익을 다양하게 대표하는 것 사이에서 균형을 잡아야 한다.

반대로 매켄지는 토크빌의 대중 전제에 대한 공포 이론에 근거해, 미국의 위기를 지나친 민중민주주의에서 찾는다. 그는 건국시조들의 자유주의가 잭슨 민주주의 시기를 거치면서 다수의 지배로 전락했다고 신랄하게 비판한다.[59] 하지만 매켄지는 금권정치와 초엘리트들의 과두정 성격도 지닌 미국의 현실을 애써 무시한다. 게리 거슬이 지적하듯, 미국에는 리버럴 정부건 보수 정부건 월가의 금융자본과 중상층의 이익이 과대 대표되는 신자유주의 체제가 전반적으로 뿌리내렸고, 이는 민중의 이익을 대변한다는 명분의 트럼피즘에 길을 열어주었다.[60] 오늘날 미국은 그간 정치 과정에서 배제된 이익을 더 포함하는 방식으로 민주주의를 심화하는(현재주의 관점에서의 확장민주주의 inclusive democracy within presentism) 동시에, 때로는 다수 시민과 갈등하는 현자들의 중·장기 심의 지혜를 구현하는 이중의 난

---

59   McKenzie, 같은 책.

60   Gary Gerstle, *The Rise and Fall of the Neoliberal Order*, Oxford University Press, 2022.

제를 안고 있다. 하지만 어떤 과제도 전혀 낙관적이지 않다.

이 이중의 과제는 기후위기의 시대에 더 긴급하다. 앞에서 밝혔듯 미국 연방 정부는 기후위기의 가능성을 알고도 점진주의적인 노력을 제외하면 위기 수위에 조응하는 대규모의 신속한 조처를 취하지 않음으로써 위기를 키워왔다. 미래를 매우 신중히 전망하는 과학 공동체들도 이례적으로 분명한 입장을 내놓으면서 기류가 급격히 달라지고 있다. 몇 년 전부터는 재난의 불가피성을 인정하는 가운데, 재난 이후를 대비하는 패러다임으로 대전환 담론이 갈수록 힘을 얻었다.[61] 유엔 사무총장 안토니우 구테흐스는 2023년 "인류가 지옥으로 가는 문을 열었다"라며 수사를 극한으로 끌어올렸다.[62] 이제 지옥으로 가는 문이 주류 담론이 된 긴급 비상 시대가 개막했다.

하지만 극단적 정치 양극화와 이해관계의 대립, 양당의 독점적 이해관계의 일치로 인해 이중의 과제는커녕, 선거인단에 의한 대통령 간선제를 직선제로 바꾸는 등의 '사소한' 개혁마저 거의 불가능하다. 이 틈새는 트럼프와 같은 위험한 비자유주의 포퓰리스트들에게 부단히 연료를 제공한다. 아니, 오히려 슐레진저가 말한 종말론적 전망이 힘을 얻을수록 극단적 파시

---

61 파블로 세르비뉴·라파엘 스테방스, 『붕괴의 사회정치학』, 강현주 옮김, 에코리브르, 2022.

62 최서은, 「유엔 사무총장 "화석연료로 인한 기후위기… 지옥의 문 열렸다"」, 『경향신문』 2023. 9. 21.

즘이 더 암약한다. 최근에는 심지어 반反기후 포퓰리즘만이 아니라 기성 정치권에 대한 혐오와 기후위기에 대한 디스토피아적 전망을 연료로 생태 파시즘 운동마저 성장하고 있다.[63] 이미 유럽 22개 극우 정당 중 15개 정당이 생태 파시즘 담론을 구사하며, 이 담론은 2019년 뉴질랜드 크라이스트처치에서 무슬림 이민자에 대한 테러에 활용되었다. "침략자들을 죽이고 환경을 보호하자"라는 당시 테러리스트의 선언문은 몇 달 후 미국 텍사스주에서 벌어진 히스패닉계 인구에 대한 테러에서 재등장했다.[64]

현재 미국이 마주한 이중의 위기는 건국시조들의 세계관, 가치, 제도적 편견에 대한 근본적 의문을 제기한다. 동시에 기존의 타자 지배적 자유와 도구로서의 자연관을 극복하는 세계관을 새로운 제도로 반영하는 과제를 부여한다. 즉 인간 중심의 민주주의관과 자연관을 인간, 비인간 주체들에게 더 확장적인 정치질서로 변경하는 새로운 가치와 정치관으로의 전환이다.

이 정치관은 근대 민주주의의 일대 전환점으로 각기 미국 혁명과 프랑스 혁명을 강조하는 미국파 대 프랑스파의 대립을 넘어선다. 백승욱에 따르면, 미국 혁명파는 해나 아렌트처럼 경

---

63   Sam Moore & Alex Roberts, *The Rise of Ecofascism*, Polity, 2022.

64   이송희일, 『기후위기 시대에 춤을 추어라』, 삼인, 2024, p. 214.

제적 생존의 영역을 배제한 자유 이념의 정치 혁명으로서 미국 모델을 찬양한다.[65] 반면 프랑스 혁명파는 에티엔 발리바르처럼 생존의 영역을 정치 영역에 불러들인 정치경제 혁명으로서 프랑스 모델을 찬양한다. 하지만 두 진영의 대립은 상황을 단순하게 한쪽 면만 보는 경향이 있다. 프랑스 혁명파의 관점에서 보면 미국 상원에 대한 아렌트의 찬양은 엘리트주의적이다. 이진경은 "상원이란 제도를 통해, 먹고사는 문제에 매달린 민중들로부터 정치를 한 걸음 떼어놓았다"라는 점을 높이 평가하며 미국 혁명 긍정론을 펼친 아렌트를 강하게 비판한다. 반면에 그는 아렌트와 달리 폴리스에서 배제된 자격 없는 자들의 민주주의를 주장하는 랑시에르의 정치관에 호감을 표한다.[66] 하지만 아렌트와 랑시에르의 관점은 이분법적으로 나뉘지 않고 둘 다 부분적 타당성을 가지므로, 모두 정치체제 속에 포함시킬 수 있다. 즉 '자격 있는' 현명한 자들(아렌트)과 더불어, 자격과 권리를 박탈당해 배제된 데모스(랑시에르) 모두 정치에 공존할 수 있다. 특히 미래 세대와 비인간 생명의 대표성이란 관점에서 상원은 현재의 기득권 이해를 관철시키지 않고 미래 장기주의 이익을 대표하는 진정한 현자의 기관으로서, 하원은 민중에 대한 반응성의 기관이라는 본래의 소명 및 랑시에르가

---

65   안병진, 『미국의 주인이 바뀐다』, 메디치, 2016, pp. 22~23.

66   이진경·최유미, 같은 책, p. 76.

강조했듯 배제된 목소리를 부단히 가시화시키는 열린 기관으로서 책무가 있다.

더 나아가, 두 모델의 인간중심주의 한계를 넘어설 필요가 있다. 아렌트가 강조하는 '말을 통한 정치'와 랑시에르가 강조하는 '배제된 목소리'는 어디까지나 인간 존재에 국한되기 때문이다. 이진경에 따르면, 그토록 급진주의적으로 기존 주류 사상을 전복하고자 하는 랑시에르조차 결국 "로고스로서의 말을 통해 사유되기에, 말을 알아듣지 못하는 동물이나 식물, 사물들은 열등한 자에 들어가지조차 못한다."[67] 이진경이 말하는 인간의 로고스에 대한 비인간의 소음의 반란은 서양 주류 사유에 도전한 이들조차 간과한 근본적 문제를 제기한다. 박정진은 이 외부의 소리가 서양철학의 내부에서는 들리지 않는다고 지적한다. 그는 기독교 성경부터 "태초에 말이 있었다"로 시작하는 등, 서양철학은 언어로 존재를 규정하는 철학이며 이에 소외된 소리의 철학을 부활해야 한다고 주장한다.[68]

사실 아렌트의 사상 속에는 분명 엘리트주의를 억제하는 경향도 공존한다. 비참한 난민 생활, 미국을 향한 기적 같은 망명, 시민권 획득의 경험은 아렌트에게 인권에 대해 새로운 사고를 자극했다. 미국에서 시민권을 획득한 1951년, 아렌트는

---

67   이진경·최유미, 같은 책, p. 195.

68   박정진, 같은 책, p. 109.

『전체주의의 기원』이라는 기념비적 저서를 펴낸다. 이 책에서 아렌트는 인권을 인간 본성으로 간주한 세계인권선언(1948)의 천부인권론과 달리, 인권은 민주정치의 기초가 되기에는 불완전하다는 도발적 주장을 펼친다. 아렌트가 보기에 인간은 인간이라는 추상적 범주에 속하는 것만으로는 권리를 획득할 수 없으며, 권리를 가지려면 우선 정치 공동체의 일원이어야 한다. 인간이라는 범주는 600만 유대인을 죽음에서 구하지 못했던 것이다.[69] 『전체주의의 기원』에서 아렌트가 주장한 '권리들을 가질 권리right to have rights'라는 개념은 1950년대 말에 다시 주목받았다.[70] 다만 아렌트는 보이지 않는 자들의 권리를 옹호한 랑시에르가 동의할 이 중요한 화두를 체계적으로 발전시키지는 않았다. 아렌트가 『전체주의의 기원』에서 지나가듯 언급한 '권리들을 가질 권리'나 랑시에르의 '몫 없는 자의 몫' 담론은 비인간에 대한 확장된 정치관으로 이어질 수 있다.[71]

다만 비인간까지 체계적으로 확장되려면 단순히 아렌트와 랑시에르 정치관의 확장을 넘어 그들의 우주와 지구에 대한 존재론에서 큰 전환이 필요하다. 즉 지구에 존재하는 모든 생명 존재들의 권리를 가질 권리론은 아렌트와 랑시에르의 정치관

---

69   스테파니 데구이어 외, 『권리를 가질 권리』, 김승진 옮김, 위즈덤하우스, 2018, pp. 14~15.
70   같은 책, p. 19.
71   같은 책, p. 32.

을 보다 단단하게 뿌리내리게 할 수 있다(이에 대해서는 2장에서 보다 자세히 살펴볼 것이다). 아렌트와 랑시에르를 종합하는 동시에 이들을 넘어서는 지구 행성 공동체의 정치관은 건국의 설계를 보완(민주주의 과소와 과잉의 동시 개혁)하고, 동시에 민주주의 외부에서 새로운 디자인(미래 주체들의 이익을 대표)을 창출하는 이중의 과제를 부여한다.

우리 상상력의 지평은 더 넓어져야 한다. 걸출한 폴라니주의자 프레드 블록은 자본주의 개념과 자본주의 질서 내 새로운 변혁적 어젠다의 가능성에 대한 우리 상상력의 빈곤함이 새로운 창의적 전환의 과제들을 막는다고 지적한다.[72] 한편 기후 위기에 맞서 전 지구적인 학생 동맹 휴학을 주도한 그레타 툰베리는 그간 자유주의가 잊어버린 차원을 정치에 도입했다. 바로 한스 요나스가 선구적으로 제기한 '미래에 대한 책임성'이다. 블록과 툰베리의 전위적 시도는 자유주의나 민주주의와 같은 익숙한 정책 아이디어를 새로 재구성하는 플랫폼으로 우리를 초대한다.

이는 기존 민주주의를 수선하는 과제를 넘어선다. 다시 민주주의라는 제도의 기원을 떠올려보자면, 공화주의적 정신까지 소급된다. 공화주의의 라틴어 어원이기도 한 '공공의 것res publica'이나 이후 로마와 중세를 거치면서 진화해온 인민주권,

---

72　Fred Block, *Capitalism*, University of California Press, 2018.

법치, 견제와 균형 등의 아이디어는 현대에 들어와 자유주의적 민주주의로 정착되었다.[73] 이제 자유주의적 민주주의에는 원래의 공화주의가 가진 풍부한 함의를 끝까지 밀어붙이는 과제가 주어졌다. 즉 '공공의 것'에서 공공의 의미를 풍부하게 확장하는 것이다.

하지만 보다 중요하게는 그간 공화주의가 거의 관심을 기울이지 않은 외부로부터 새로운 이식이 필요하다. 이진경은 블랑쇼의 외부 개념을 활용하여 외부의 정치학을 전개한 바 있다. 그에 따르면 "블랑쇼에게 외부란 보이던 것을 보이지 않게 만듦으로써 보이지 않던 것을 보게 만드는 무엇이다. 그것은 내부에 있는 것, 자신이 안다고, 보고 있다고 생각하는 것을 그 바깥으로 이끄는 힘이다."[74] 지금까지 공화주의 전통에서 미래 장기주의 시야와 지구 행성 존재는 거의 미지의 외부이다. 이제 공화주의는 이 이질적 외부를 내부에 침투시키고 이를 통해 내부를 바깥으로 부단히 이끌어야 한다. 내가 제4부란 이질적 제도를 구상한 이유는 기존 입법부, 행정부, 사법부의 내부 3부에 새로운 외부의 일부를 통해 질적 전환을 기하기 위함이다. 비록 제4부는 아주 작은 외부이지만 기존 내부의 작동 원리(단기주의 및 인간중심주의)를 흔들고 형질을 전환시켜나가는 효

---

73   모리치오 비롤리, 『공화주의』, 김경희·김동규 옮김, 인간사랑, 2006.
74   이진경, 『외부, 사유의 정치학』, 그린비, 2009, p. 88.

소이다. 어려울지라도 새로운 가치와 제도를 발명하고 이를 등대 삼아 나아갈 때 비로소 인간 정신은 희망의 새 길을 찾아나갈 수 있다.

2장

사상의 세 저수지

—베리, 누스바움, 요나스와
생명의 정치질서

> 우리에게 필요한 것은 지구가 우리에게 들려주는 이야기에
> 귀 기울일 수 있는 능력이다.
> ── 토마스 베리,『지구의 꿈』

토마스 베리의 모든 존재의 권리론

왜 우리는 민주주의 오작동의 극복을 구체적 제도의 개혁 방안 이전에 새로운 가치관에서부터 시작해야 하는가? 앞 장에서 밝혔듯 미국 민주주의 오작동의 근원은 건국시조들의 인간 중심적 자연권 사상까지 거슬러 올라가기 때문이다. 자산 소유자 중심의 권리, 더 나아가 인간 중심의 권리와 자유 관념, 그 바탕에 있는 신이 준 자연권 사상은 필연적으로 인간과 비인간에 대한 구별과 배제의 정치를 출현시킨다.

사회는 지배적 가치와 담론, 정치질서 그리고 경제 인프라까지 세 가지 축으로 구성된다. 이 중 정치질서와 경제 인프라는 만연한 오작동을 이미 대대적으로 전환하고 있다. 기존

의 낡은 질서를 집약적으로 표현하는 개념은 '탄소 민주주의'다. 티머시 미첼에 따르면, 화석연료의 에너지 흐름과 민주정치는 서로 얽혀 발전한다. 석탄과 석유는 대중민주주의의 동력과 기반을 형성하는 동시에 한계 짓는 역할을 수행해왔다는 것이다.[1] 하지만 미첼은 "기후 붕괴의 위협이 가속화되는 상황에서 지금의 민주 정부는 지구의 미래를 보호하기 위해 필요한 대책을 세우는 데 무능해 보인다"라는 결론을 내린다.[2] 만약 한 사회의 세 축 중 정치질서가 오작동하고 경제 인프라가 신재생에너지 기반으로 전환된다면, 가치와 담론도 그에 상응하는 대전환이 필요하다. 하지만 인간 중심의 자연권과 이를 정당화하는 자유주의, 공화주의가 아직 전 세계적 지배 담론의 지위를 차지하고 있다. 자유주의의 무능을 핑계로 트럼피즘, 생태 파시즘 등 각종 퇴행적 담론이 바이러스처럼 번지는 추세는 더욱 우려스럽다. 이제는 기존 자유주의, 공화주의를 넘어서는 세계관이 보다 전면에 등장하고 이를 모든 영역의 정치, 경제 질서에 융합하려는 노력이 더 가속화되어야 한다.

　　민주주의의 오작동을 근원적으로 극복할 가치와 제도를 발명하기 위해서는 세 사상적 저수지로부터 도움을 받을 수 있다. 첫째는 토마스 베리의 탈근대적이고 통합적인 자연권 사상

1　티머시 미첼, 「탄소 민주주의」, 에너지기후정책연구소 옮김, 생각비행, 2017.
2　같은 책, p. 26.

이다. 둘째는 모든 존재의 존엄과 자유를 존중하는 마사 누스바움의 내재 역량으로서의 정의론이다. 셋째는 미래에 대한 책임과 예방 윤리를 강조하는 한스 요나스의 장기주의 윤리론이다. 물론 이 외에도 인류에게는 풍부한 생태 문명의 저수지가 많이 있다. 다만 여기에서는 민주주의를 넘어서는 상상력을 북돋을 수 있도록 앞서 말한 세 가지 흐름에 주목할 것이다.

오늘날 우리가 아는 근대 민주주의를 근저에서 뒷받침하는 세계관은 인간중심주의로서 우주 대 인간, 인간 대 자연, 인간 대 비인간이라는 이분법적 관점에 기초한다. 이 관점에서 우주와 자연은 텅 비어 있는 객관적 실재이고 인간과 무관하게 대상으로서 존재한다. 반면 지구 행성을 살아 있는 통합적 유기체로 파악하는 제임스 러블록의 가이아 이론은 과학이 아니라 신비주의로 치부되어왔다. 하지만 생태계 내의 순환적 피드백에 대한 연구가 축적되면서 과학계가 이를 과학적 연구 흐름 안에 수용하려는 노력이 점차 증가하고 있다.[3]

인간중심주의는 근대 민주주의관에도 그대로 이어져, 우주와 지구에 대한 경외심과 돌봄의 관점은 부차적인 것으로 전락하고 오직 현재를 살아가는 인간들끼리 제로섬게임을 벌이게 되었다. 자기 주변 환경을 지배의 대상으로 보는 인간중심

---

3   손항구, 「자연과학의 관점에서 바라본 가이아」, 『과학기술학연구』 22(1), 2022, pp. 4~33.

주의 우주론은 인간들 간에도 잔혹한 위계를 만들어내는 데 효과적인 세계관이다. '그것은 인간이 아니다'라고 정의하면 그 위계는 합리화되기 때문이다.[4] 누가 인간이고 누가 인간 이하인지 구분하는 잔혹한 담론 게임은 근대 이후에도 지속되었다. 미국 헌법에 아직도 흔적처럼 남아 있는 '5분의 3 인간'(흑인)이나, 프런티어 정신을 방해하는 발밑 돌멩이 취급을 받아 헌법에 아예 등장조차 하지 않은 '인디언'(토착 미국인)들의 수난사는 위계의 폭력성을 잘 보여준다.

인간 중심적 근대 문명을 전환하고자 한 생태 문명가 토마스 베리는 법과 민주주의를 최신 과학과 웅대한 세계관 속에 위치 짓는다. 우주물리학자 브라이언 스윔과의 협업을 통해, 베리는 전체성을 내포하지 못하는 파편화된 비인격적 대상으로서 근대적 우주론과는 대조되는 살아 있는 총체적 공동체이자 진화 과정으로서 우주론을 펼쳐 보인다. 그는 "우주가 단지 거대한 '저기 저 밖에' 있을 뿐 아니라 지금 '여기 안에'" 있다고 설파한다.[5] 더불어 "우주는 객체들의 집합이 아니라 주체들의 친교"라면서, 러블록의 가이아 이론에 맞먹는 놀라운 정의를 내린다.[6]

베리의 우주론은 고생물학자이자 진화론자인 피에르 테야

---

4   이저벨 윌커슨, 『카스트』, 이경남 옮김, 알에이치코리아, 2022.

5   토마스 베리·브라이언 스윔, 『우주 이야기』, 맹영선 옮김, 대화문화아카데미, 2010.

6   같은 책, p. 378.

르 드 샤르댕의 우주론에 주로 빚지고 있다. 베리의 제자인 에벌린 터커는 샤르댕의 지대한 영향을 말하며 베리의 우주론을 다음과 같이 이야기한다. "첫째는 우주는 그 시작부터 물리적-물질적 측면뿐 아니라 정신적-영적 측면을 가지고 있다는 것이다." 둘째는 "인간의 이야기와 우주의 이야기가 하나의 단일한 이야기라는 것이다. 셋째는 오로지 구원에만 집중하던 서구 종교 사상이 이제는 창조에 관심을 두어야 한다는 것이다." 이어서 터커는 베리 우주론의 의의를 다음과 같이 요약한다. "이러한 통찰이 의미하는 바는, 물질과 정신이 함께 진화한다는 것, 인간은 진화 안에서 생겨났다는 것, 그리고 지구에서 벗어나는 것이 아니라 지구를 돌보는 것이 필수적이라는 것이다."[7] 진화론적이고 통합적인 우주론의 이야기 구조는 인간 중심의 편협한 민주주의가 아니라 우주와 지구에서의 인간과 정치체제를 상상하게 한다.

베리의 통합적 지구 존재론은 모든 존재를 인정하고 존중하며 친밀하게 사귀어야 하는 존엄과 환대의 관점으로 자연스럽게 이어진다. 그는 다음과 같이 말한다. "지구 공동체에서 모든 존재는 자신의 역할, 존엄성, 자생성을 갖고 있다. 모든 존재는 그 자신의 목소리를 지닌다. 모든 존재는 우주의 다른 존재

---

7   메리 에벌린 터커·존 A. 그림·앤드루 언절, 『토마스 베리 평전』, 이재돈·이순 옮김, 파스카, 2023, p. 213.

들과 영적 교류를 한다. 다른 존재들과 관계를 맺으며 현존하고 자생하는 능력은 우주의 모든 존재가 가지고 있는 능력이다."[8] 이는 북미 대륙을 정복의 대상으로 간주해, 전근대의 위대한 통합적 우주론을 가진 원주민들의 환대를 살육으로 되갚은 유럽 정착민들의 착취적 세계관과는 질적으로 다른 관점이다.

베리의 우주적 존재론은 우주적 권리론으로 자연스럽게 연결된다. 존재가 기원하는 곳에는 당연히 권리가 발생한다. 지구 행성의 자연계는 인간의 것과 동일한 권리를 갖는다. 권리는 인간이 아닌 우주로부터 존재에 주어지는 것이다. 따라서 베리는 "우리는 다른 종들의 이동 통로를 방해할 권리가 없다. 또한 지구 행성의 생명 체계를 교란할 권리도 없다"라고 지적한다.[9] 그러면서 "편협하고 인간 중심적인 자기의 이익을 위해서 상대를 대상화하는 인간의 교활한 계산"이라고 통렬하게 비판한다.[10] 이렇듯 인간 중심을 넘어 지구 공동체의 존재들과 그들과의 관계성을 총체적으로 성찰할 것을 강조하는 법사상, 법체계의 학문이 지구법학이다.

지구법학의 권리론은 근대 문명 사유의 틀을 제시한 칸트

---

8   토마스 베리, 『토마스 베리의 위대한 과업』, 이영숙 옮김, 대화문화아카데미, 2009, p. 17.

9   같은 곳.

10   W. Thomson Martin, *From Democracy to Biocracy*, Friesen Press, 2016, p. 410.

의 인권론을 넘어 모든 존재들의 '권리들을 가질 권리'론의 규범적 토대를 구축했다. 앞 장에서 언급한 아렌트의 권리론도 배제된 자들의 몫에 대해 정당한 물음을 던졌지만, 결국 인간중심주의라는 경계선을 넘어서지 못했다. 인간중심주의를 넘어서는 일은 인간이 지구 행성의 최종 목적이라는 칸트의 유명한 테제 자체에 근본적으로 도전하는 우주론을 갖출 때에야 가능하다.

물론 칸트의 목적론은 자연에 대한 고문과 착취를 무조건적으로 정당화할 수 있다는 개발주의적 의미를 가지지는 않는다. 오히려 그의 원래 문제의식은 자연을 책임지려는 인간의 도덕적 당위성을 강조하는 데 있다. 하지만 자연과 인간을 절대적으로 분리한 칸트의 목적론이 이후 자연에 대한 대상화, 타자화의 토대로 작용한 것 또한 사실이다. 한 생태 활동가는 칸트적 전통에 정면으로 문제를 제기한다. "우리 자신이 자연을 보호하는 강대한 보호자들이 아니라는 점을 인식하는 것이 중요하다. 우리는 자기를 보호하는 자연이다. 또한 우리는 자연에 권리를 주는 것이 아니다. 그 권리가 본래부터 그들의 권리임을 우리가 인식하는 것이다."[11] 이는 지구법적 전통과도 상통하는 지점이다.

인간도 자연의 일부로서 파악하는 이 활동가의 관점은 칸

---

11   우석영, 「현장에서 길어 올린 공동체 기후행동」, 『바람과물』 11, 2024, p. 148.

트에서 한 발 더 나아가고 있다. 다만 도덕적 책임을 가지는 칸트의 인간관에 담긴 긍정적 문제의식 자체를 부정할 수는 없을 것이다. 자연의 일부로서 겸손과 자연에 대한 책임은 얼마든지 상호 양립할 수 있다. 베리도 다음과 같은 질문을 던진 바 있다. "우리는 이 지구를 돌보도록 부름받고 있는가, 아니면 이 지구가 어떤 식으로든 우리를 돌보는가?" 이에 대해 그는 굳이 이분법에 갇히지 않고 "모든 형태의 청지기직, 관계, 지구를 돌보는 일은 우리의 책임의 일부이다"라고 스스로 답한다.[12] 지구 공동체 속에서 서로 불가분으로 얽혀서 살아가는 존재들 간의 상호 염려, 상호 희생, 상호 돌봄의 정신이 바로 생태대Ecozoic Era 시대의 가치일 것이다.

하지만 모든 존재의 상호 얽힘은 곧 모든 존재의 권리로 자연스럽게 연결되는가? 여기서 지구 공동체를 구성하는 생명체 종이 무생물과 연결되는 특성, 무생물과 단절되는 특성을 구분할 필요가 있다. 모든 생명체는 무생물과 얽혀서 존재한다. 예를 들어 인간이 이동하는 행위에는 자동차처럼 각종 도구가 개입한다. 운전자는 어느 순간 자신이 좌회전한다는 걸 분명히 자각하지 않은 채 무의식적으로 손과 운전대의 결합된 움직임에 의존한다. 반면에 자동차는 인간을 위한 도구로서의 목적성을 가질 수 있어도 스스로 목적성을 구현하는 잠재성을 가지지

---

12   베리, 『토마스 베리의 위대한 과업』, p. 100.

는 않는다. 폴 테일러는 각 지구 생명체가 고유의 가치를 가지고 있다는 지구법학의 존재론과 상통하는 생명체의 내재적 가치론을 주장한다. 그에 따르면, 각기 목적성(예를 들어 나비의 목적은 애벌레가 성충이 되어 날아가는 것)을 지닌 생명체는 보호받고 존중받아야 하는 도덕적 주체다.[13] 그는 도덕적 주체와 도덕적 행위주체를 구분한다. 예를 들어 갓난아기는 도덕적 행위주체로서 아직 행동하기 어렵지만 도덕적 주체로서 어른에게 보호받아야 하는 존재다. 마찬가지로 동물과 식물 같은 지구 공동체의 생명체들 또한 도덕적 행위주체이지는 못해도 신탁자를 통해 보호받을 수 있는 존재다.

테일러의 생명체 내재적 가치론은 자칫 모호하게 들릴 수 있는 베리의 모든 존재의 권리론과는 달리 보다 분명하게 경계를 구분한다. 우석영은 베리가 '지구에 존재하는 모든 구성인자'의 권리를 언급하면서 정작 그 사례를 언급할 때는 강이나 산 등의 자연물 이외에 우리의 생활 세계에서 쉽게 만나는 의자나 책상 등의 인공물을 언급하지는 않는 모호성을 언급한다.[14] 모든 존재의 권리를 말하는 베리와 바이오크라시 개념을 이야기하는 베리 사이에는 다소 뉘앙스 차이가 있다. 바이오크라시란 바이오라는 접두어가 말하듯 생명 공동체만의 정치체

---

13 폴 W. 테일러, 『자연에 대한 존중』, 김영 옮김, 리수, 2020, p. 28.
14 우석영, 「인류세의 비인간 돌봄」, 신지혜 외, 『기후 돌봄』, 산현글방, 2024, p. 133.

사상의 세 저수지   79

제를 말하기 때문이다. 그가 보다 일관성을 가지려면 바이오크라시가 아니라 모든 존재의 정치체제thingscracy라고 표현해야 하지 않을까? 만물의 권리에 대한 베리의 평등한 존재론은 동양의 생태론에서도 쉽게 발견된다.[15] 불교와 신유물론 철학을 오랫동안 탐구해온 이진경은 최유미와 같이 쓴『지구의 철학』에서 베리보다 분명하게 비인간 사물의 평등을 주장한다. "동물이나 식물, 사물들을 인간처럼 다루어야 한다. 인간과 하나의 동일한 평면 위에서 다룰 수 있어야 한다."[16] 하지만 이러한 신유물론적 흐름과 달리 테일러의 생명체 내재적 가치론과 이에 근거한 생명의 정치체제는 이론적·실천적으로 더 큰 의미가 있다. 우주가 만들어낸 모든 사물들을 존중해야 하는 것은 베리가 말한 것처럼 지구를 돌보는 인간의 의무로서는 타당하다. 그런데 여기서 더 나아가 생명체와 같은 권리를 부여하는 것은 다른 차원의 이슈다. 의자와 책상의 권리를 주장하고 그 대표를 의회에 보내는 것은 우석영의 표현처럼 페티시즘fetishism(물신숭배)[17]에 가깝게 간주될 수 있다.

테일러는 무생물을 물리적 환경으로만 구분한다. 그렇다면 무생물을 물리적 환경과 생명 체계의 두 측면으로 구분할 수는 없을까? 테일러는 강을 그 자체로 목적을 가지지 않는 순

---

15   박정진, 같은 책, p. 422.
16   이진경·최유미, 같은 책, p. 88.
17   우석영, 같은 글, p. 134.

수하게 물리적인 환경으로 간주한다.[18] 다만 그는 강 속에 사는 물고기 같은 생명체를 위해 강을 오염시키지 않는 윤리적이고 실용적인 측면의 의무가 있다고 지적한다. 그렇다고 해도 이 경우에는 어디까지나 강을 물고기의 환경으로 간주하는 것이지, 도덕적 주체로 간주하는 것은 아니다. 다양한 생명과 무생명이 결합된 생명 체계라는 측면에서 법적 권리가 부재한 강과 법적 권리를 부여할 수 있는 물고기를 구분하는 테일러와는 달리 강 자체를 도덕적, 법적 주체로 간주할 수 있다. 뒤에서 살펴보겠지만 이런 관점은 한반도의 DMZ를 도덕적 보호 대상이 아니라 독자적 법인격으로 간주할 근거가 된다.

이 관점은 오늘날 중요한 논제인 AI를 아직 도덕적·법적 권리주체의 생명으로 간주하지 않는다. 인간의 얼굴과 목소리를 하고 마치 인간처럼 움직이는 AI는 인간 존재에 준하는 것처럼 보인다. 하지만 인간의 경험이 녹아 있다고 해서 그 자체가 인간적인 것은 아니다. 아직까지 AI는 인간이 의존해온 스마트폰 등의 비인간 사물들과 그 특징이 더욱 유사하다. 인간이란 존재는 캐리 울프가 지적하듯 다양한 형태의 기술성과 함께 공진화해온 보철적 생물prosthetic creature이다.[19] 다만 과학기술의 발전에 따라 AI가 인간의 도구를 넘어 내재적 경험을 수

---

18   테일러, 같은 책, p. 28.
19   우석영, 같은 글, p. 149.

행하는 의식적 주체로 발전한다면, AI를 도덕적 주체로 간주할
수 있을 것이다.

또한 이 관점은 최근 급속히 발전하고 있는 신유물론적 관
점에 대해 신중한 입장으로 이어진다. 신유물론 학자 제인 베
넷은 인간중심주의적 관점을 넘어 비인간 존재의 긍정적이고
생산적인 힘을 볼 것을 제안한다.[20] 신유물론은 생명과 무생명
이 다양하게 얽혀 존재하는 관계망을 풍부하게 인식한다는 점
에서 인식론의 발전이라 평가할 수 있다. 하지만 사물의 행위
주체성이 곧 권리주체가 되지는 않는다. 그래서 김왕배는 "로
봇의 행위주체성을 인정한다 하더라도, 곧 로봇이 권리주체가
되어야 한다는 것은 아니다"라고 선을 긋는다.[21] 브뤼노 라투르
가 말한 사물 정치는 도덕적 호소로서는 타당하지만, 구체적으
로 정치적 주체를 구성하는 문제에서는 비현실적인 발상에 그
칠 수도 있다.

베리의 우주론, 인식론은 지구행성주의라는 새로운 공동
체 감각을 출현시킬 수 있다. 이는 기존 자유주의의 국가 주권
을 확장하는 문제다. 자유주의는 배타적 애국주의의 팽창에 대
응하기 위해 시민민족주의 혹은 공화주의적 애국주의 관념과
결합하곤 한다. 이 결합은 다양한 스펙트럼을 지니지만, 공통

---

20   제인 베넷, 『생동하는 물질』, 문성재 옮김, 현실문화, 2020.
21   김왕배, 「'인간 너머' 자연의 권리와 지구법학」, 『지구법학』, p. 43.

적으로 민족적 일체감보다는 시민으로서 다원적이고 자유로운 공화국에 대한 믿음, 자부심과 연대감에 기반한다. 공화주의적 애국주의는 지역에 대한 애착을 부정하지 않는다. 다만 이 애착을 민주공화국 삶의 양식에 대한 사랑과 결합하는 것이다.

공화주의적 애국주의는 구성원이 동등한 존재로서 공동체에 참여하므로, 그 확장으로서 세계시민주의와 모순되지 않는다. 하지만 지구 행성에는 주권 국가도, 세계정부도 존재할 수 없다. DMZ의 우거진 나무들이 국경을 고려하며 자라지 않듯이 말이다. 인간 중심의 공화주의적 애국주의와 세계시민주의를 수용하면서도, 그 상위의 개념으로 지구행성주의를 따를 수 있다.

자유주의는 이제 국내의 코먼스commons만이 아니라 국가라는 지역성을 넘는 지구법적 영역에 대한 존중과 기존 시민민족주의 세계관 사이에서 창조적 재구성을 요구받고 있다. 이는 한반도 위기 및 미·중 갈등에 대한 보다 차원 높은 해결책의 기반이 될 수 있다.

통합적 우주론과 지구법 사상은 점차 지적 담론으로 수용되어가고 있다. 강금실에 따르면, 이러한 지구-인간의 재결합은 통합 생태론integral ecology이라 불린다. 통합 생태론은 프란치스코 교황의 2015년 생태 회칙 「찬미받으소서」에 수용되어, 환경과 가난 문제의 통합으로 표현되기도 했다. ESG도 환경과 인간의 사회적 가치들의 통합을 지향한다는 점에서 맹목적 이

윤 추구와 지구 착취로서의 근대 자본주의 패러다임을 벗어나는 작은 몸짓이라 할 수 있다.[22]

프란치스코 교황의 사례를 정치권에 직접 적용하기는 어렵지 않을까? 전혀 그렇지 않다. 이 장에서 다루는 세계관은 얼마든지 현실의 정치철학적 관점에 적용 가능하다. 한국에서도 가치 리더로서 주목받아온 바츨라프 하벨 체코 전 대통령이 대표적 사례다. 그는 1994년 필라델피아 자유 메달 수상 연설에서 다음과 같이 말한다.

국제회의에서 연설하는 정치가들은 새로운 세계의 기초가 인권에 대한 보편적 존중이라고 수없이 되풀이해 말하고 있습니다. 하지만 그러한 주장이 절대 존재의 신비, 우주의 기적, 자연과 우리 자신의 존재가 담고 있는 기적에 대한 존중에서 출발하는 것이 아니라면 아무것도 아닐 것입니다. 우주적 질서와 창조의 권위에 복종하고 그 질서에 속하는 권리를 존중하고 실제로 그에 참여하는 사람만이 그 자신과 그의 이웃을 존중하며 그로써 이웃의 권리를 소중히 여길 수 있을 것입니다.[23]

---

22   강금실, 「지구를 위한 변론」, 김영사, 2021.
23   바츨라프 하벨, 「불가능의 예술」, 이택광 옮김, 경희대학교출판부, 2016, p. 202.

근원적 한계를 가진 기존 민주주의를 딛고 새로운 정치질서를 창출하기 위해서는 제도적 개혁을 넘어 우주론, 자연권 차원에서 세계관의 회심이 필요하다는 점에서, 토마스 베리는 현재 진행형 사상이다.

마사 누스바움의 자유의 지구 정의론

우주 및 지구와 인간의 재결합을 추구하는 통합 생태론은 기존 자유주의와 공화주의의 권리론을 더 원대하게 확장할 수 있다. 기존 자유주의는 소수자의 권리 보호에 강력한 신념을 보인다. 그렇기에 미국 건국시조들은 헌법을 제정한 후에 권리 장전을 추가했다. 한편 공화주의의 핵심은 모든 이가 속한 정의로운 공동체를 형성하는 것이다. 여기서 두 가지 질문이 중요하다. 하나는 '무엇이 정의로운 공동체인가'이고 다른 하나는 '모든 이는 누구인가'이다.

무엇이 정의로운 공동체인가? 이 질문은 수많은 정치철학자 사이에서 정의론 논쟁을 일으켜왔다. 공리주의자들의 답변은 '최대 다수의 최대 행복'이다. 가장 걸출한 현대 정의론을 정립한 존 롤스에 따르면, 모든 사람에게 동등한 자유를 보장하는 절차적 정의를 대체로 추구하면서, 최소 수혜자에게 최대 이익을 허용하되 기회균등의 원칙을 지키는 사회다.

하지만 롤스가 말한 정의의 보편적 조건과 계약론에 대해 누스바움은 아마르티아 센과 함께 비판적 문제의식을 제기한다. 롤스와 달리 누스바움은 정의로운 공동체가 아니라 이를 구성하는, 내재적 존엄성을 지니면서도 취약한 개별 존재에서 출발한다. 그 점에서 마사 누스바움의 자유의 정의론은 베리가 말하는 우주 속 개별 존재들의 내재적 가치 및 존엄성과 간접적으로 연결된다. 테일러도 본래 가치를 가진 모든 생명은 목적성을 구현하는 잠재성을 보호받아야 한다고 주장했는데, 이는 누스바움의 사유 체계와 이어진다.

내재적 가치를 가지는 존재의 잠재성에 대한 관점을 오늘날 가장 이론적·실천적으로 정교하게 발전시킨 이론은 누스바움과 센의 역량 접근법capability approach이다.[24] 이들은 이론적 추상화에 머물지 않고 각 개인을 목적으로 하여 한 사람 한 사람의 존엄을 보호하고 역량을 강화하는 실천적 관점을 취한다. 따라서 둘은 구체적으로 잠재성의 목록과 이를 발현할 조건들을 세부적으로 탐구하여 사람들이 실천할 수 있는 정의론을 만들고자 했다. 여기서 역량이란 "실제적이고 실질적인 자유, 가치 있다고 여겨지는 삶의 구체적인 영역에서 행동을 선택할 기회"를 의미한다.[25] 역량을 판단할 때도 보편주의적 접근을 거부

---

24   마사 누스바움, 『정치적 감정』, 박용준 옮김, 글항아리, 2019.

25   마사 누스바움, 『동물을 위한 정의』, 이영래 옮김, 알레, 2023, p. 149.

한다. 한 개인이 가지는 역량은 다양하다. 사람들은 어떤 역량은 탁월하지만 다른 역량에서는 열등할 수 있다.[26]

누스바움과 센은 역량을 세 가지 유형으로 구분한다. 첫째는 기본 역량basic capability이다. 이는 목적을 추구할 수 있게 하는 타고난 능력을 말한다. 둘째는 내적 역량internal capability이다. 이는 글쓰기처럼 기술적으로 개발된 특성이다. 셋째는 결합 역량으로서 내적 역량과 관련된 활동을 실제로 선택하는 데 적합한 환경을 제공하는 것을 말한다.[27] 이 목록에는 인간의 자유로운 삶에 대한 기존 목록만이 아니라 다른 종과의 관계에 대한 역량도 포함된다. 누스바움과 센은 이를 "동물, 식물, 자연계에 관심을 갖고 관계를 맺으며 살 수 있는 것"이라 규정한다.[28]

동물의 내면세계에 대한 공감과 역지사지를 최근 생물학의 성과에 근거하여 주장하는 누스바움의 글은 그의 학문 역정에서 놀라운 이론적 확장이라 할 수 있다. 누스바움의 동물 종의 정의론으로서 역량 접근법은 이후 모든 생명체로 확장될 수 있는 풍부한 이론적 자원을 제공한다.

『동물을 위한 정의』에서 누스바움은 생물학적 성과에 근거해 동물이 "목적으로 대우받아야 하는" 존재이며 "그들 역시 존중과 경이를 불러일으키는 내재적 존엄성을 지니고 있다"라

---

26   같은 책, p. 151.
27   같은 책, pp. 149~50.
28   같은 책, p. 153.

고 본다.[29] 그리고 그들도 인간처럼 쾌고감수 능력이 있는 취약한 동물로서 역량을 보호하고 지원해야 한다고 제기한다. 즉 동물 또한 인간과 마찬가지로 고통을 피할 뿐 아니라 다양한 자유의 목록이 있다는 것이다. 대부분의 동물에게도 사회적 관계, 친족 관계, 생식, 자유로운 이동, 놀이, 즐거움 등 다양한 역량의 목록이 중요하다. 이 목록은 동물의 내면세계 연구가 깊어질수록 더욱 풍부해질 것이다.[30]

누스바움의 자유론에 근거한 정의론은 새로운 사회계약을 가능하게 한다. 이는 동물의 권리에 대한 다양한 정치적 담론이 증가하는 추세와 조응한다. 예를 들어, 웨인 가바디는 인간과 동물의 새로운 사회계약을 제안한다.[31] 누스바움도 동물이 적절한 대리인을 통해 법정에 설 수 있는 법적 주체로서의 권리를 주장한다.[32] 단지 유토피아적 미래 이야기가 아니다. 실제로 2021년 10월 20일 미국 오하이오주 남부 연방 지방법원은 하마의 법인격을 인정하는 콜롬비아 법의 선례를 따라 이를 존중하는 미국 최초의 판례를 남겼다. 또한 같은 해 미국 일리노이주 의회는 일리노이주 소유 건물의 모든 신축 혹은 리노베이션에 조류 친화적인 건축 기법을 의무화했다. 이러한 법은 인

---

29   누스바움, 『동물을 위한 정의』, p. 161.

30   같은 책, p. 165.

31   Wayne Gabardi, *The Next Social Contract*, Temple University Press, 2017.

32   누스바움, 같은 책, p. 441.

간과 동물의 공존을 위한 진전이라 할 수 있다.[33]

한스 요나스의 미래 책임의 지구윤리론

인간 중심 민주주의 담론의 위계적 한계에 대해 새로운 차원의 조명이 필요한 부분 중 하나는 과학기술과 민주주의의 관계 문제. 과학기술이 주로 전문가나 창조적 파괴의 기업가들만의 영역이라는 근대의 오랜 환상 속에서, 민주주의는 과학기술에 대한 통제력을 잃어버리고 있다.[34] 심지어 일론 머스크 등의 기술 유토피아주의 기업가들은 아이언맨처럼 SF 장르의 새로운 영웅 모델로까지 부상하고 있다. 이런 상황에 놓인 오늘날을 베리는 "기술의 최면 상태"로, 또한 중생대나 신생대 등으로 지질 시대를 구분하듯 기술대로 정의하기까지 한다.[35] 오래전 한 콘퍼런스에서 기술대를 경고했던 베리는 이를 이렇게 회고한다.

인간의 문제를 과학과 기술의 통제 아래 과다하게 노출할 경우 지적이며 인간적인 교착 상태가 올 것이라고 말했

---

33   같은 책, p. 450.
34   이진경·최유미, 같은 책, p. 187
35   Martin, 같은 책, p. 245.

을 때 대부분의 학자는 부정적인 반응을 보였다. 그것은 내게 크나큰 충격이었다. 나는 마치 반과학적이며 반기술적인 사람으로 치부되었다.[36]

결국 통제되지 않는 과학기술에 대한 베리의 우려가 옳았다. AI와 핵 통제의 상실이 전 지구적 화두라는 점에서 그러하다. 비슷한 문제의식에서 한스 요나스 또한 칸트가 말한 이웃의 윤리를 넘어 미래에 대한 책임을 이론화한 바 있다.[37] 거대 기업의 알고리즘은 시민과 정부의 통제 범위를 벗어나 움직이고 있다. 2016년 미국 대선에서 트럼프 진영은 케임브리지 애널리티카라는 회사를 동원해 페이스북의 수많은 유권자 정보를 훔쳐 여론 조작을 감행한 바 있다. 이는 민주주의와 선거의 안정성에 대해 심각한 의문을 불러일으켰다. 문제는 더 심각해지고 있다. 모 가댓을 비롯한 구글 개발자들에 따르면, AI는 초지능으로 진화하는 속도가 너무 빨라서 2049년경에는 인간의 통제를 벗어날 것으로 예견된다.[38] 이런 긴급한 위기감을 반영해서 일부 과학자와 지식인 들은 6개월간 국제적으로 AI 개발을 멈추고 생각할 것을 촉구하는 성명을 내기도 했다. 하지만 지구상의 어떤 정치제도도

---

36   Martin, 같은 책, p. 192.

37   한스 요나스, 『책임의 원칙』, 이진우 옮김, 서광사, 1994.

38   모 가댓, 『AI 쇼크, 다가올 미래』, 강주헌 옮김, 한국경제신문, 2023.

6개월간 개발 중단을 강제할 힘과 의지가 없다. 민주주의 담론은 이러한 현기증 나는 기술대의 전개에 너무나 무기력하다. 그래서 베리는 이미 2008년 『우주 이야기』에서 앞으로의 주요 대립은 자본주의 대 사회주의가 아니라 기업주의 대 생태주의가 될 것이라고 예견하기도 했다.[39] 페이스북과 아마존, 마이크로소프트, 스페이스X 등의 가공할 독점적 힘과 이들이 만들어내는 기업 물신주의 신화는 그의 예견이 틀리지 않았음을 보여준다.

요나스는 『책임의 원칙』에서 그간 윤리학의 인간중심주의, 그리고 동시대를 살아가는 이들에게 국한된 '이웃 사랑'의 협소한 시야를 통렬하게 비판한다. 그에 따르면 윤리학은 인간과 인간의 관계에 대해서만 질문할 뿐 인간과 자연, 비인간 존재에 대한 책임에는 무관심했다. 일부 선구자를 제외하면, 오랜 시간 누적된 환경 파괴의 결과로 발생한 지구적 규모의 기후 위기가 재난으로 가시화하기 전까지 인류 문명이 책임감을 느끼기는 어려웠다. 이진경의 지적처럼, 근대인의 시야와 상상력은 지구가 "인간의 시야를 벗어난 과도한 공간적 스케일의 대상인 동시에 인간의 감각을 넘어선 과도한 시간적 스케일의 대상"이라는 특성 때문에 매우 제한적일 수밖에 없다.[40] 그렇기에

---

39   베리·스윔, 『우주 이야기』, pp. 388~89.
40   이진경·최유미, 같은 책, p. 25.

칸트와 같은 철학자나 오늘날 롤스마저 현 세대가 추구한 노동으로 미래 세대가 큰 혜택을 받는 진보 사관을 주장한 것이다. 카를 마르크스와 같은 근대의 급진적 비판가들은 자본주의의 무한 증식과 자연 훼손을 비판했지만, 근원적으로 인간의 자연 지배라는 베이컨의 인간적 유토피아주의를 벗어나지는 않았다. 다만 요나스는 마르크스의 유토피아가 이후 훨씬 더 풍요로운 여유가 생겼을 때는 가능할 수도 있다고 여지를 남긴다.[41] 이러한 시각은 마르크스에 대해 시대적·기술적 제약이라는 조건을 무시하고 무조건 베이컨과 동등한 사상가로 단순히 비판하는 시각과는 거리가 있다.

근대 문명 기술로 인류의 행위가 미래 인류와 자연에 남긴 돌이킬 수 없는 상처를 직시한 요나스의 사상이 인류의 관심을 끌기는 어려웠다. 하지만 인류세라는 단어가 상징하듯 인간이 현재 지구 행성에 미치는 영향은 가공할 만하다. 전통적 윤리의 세계는 동시대에 국한되어 있다는 요나스의 지적이 더욱 타당성을 얻는 대목이다. 한편 고도의 기술로 정복된 새로운 영역은 여전히 윤리적 이론의 공백으로 남아 있다. 따라서 외르크 쳇 트레멜은 도덕철학이 여전히 뉴턴 시대에 머물러 있다고 비판한다.[42] 다음의 『책임의 원칙』 서문은 요나스가 탁월한 예

---

41   양해림, 『한스 요나스의 생태학적 사유 읽기』, 충남대학교출판문화원, 2013, p. 125.

42   Tremmel, 같은 책, p. 3.

언자임을 보여준다.

이제까지 전혀 알려지지 않았던 힘은 과학을 통해 부여
받았고, 경제를 통해 끊임없이 충동을 부여받아 마침내 사
슬로부터 풀려난 프로메테우스는 자신의 권력이 인간에
게 불행이 되지 않도록 자발적인 통제를 통해 자신의 권력
을 제어할 수 있는 하나의 윤리학을 요청한다. 이 책은 근
대 기술의 약속이 위협으로 반전되거나 또는 적어도 후자
가 전자와 밀접하게 연결되어 있다는 주제를 이 저서의 출
발점으로 삼고자 한다.[43]

요나스의 예언 속 메시지는 프란치스코 교황의 「권고」에
서도 나타난다. 교황은 점증하는 기술 관료적 패러다임이 "한
계 없는 인간이란 개념"에 근거한 것으로, "괴물처럼 자기 자신
을 먹어치우며 배를 불립니다"라고 경고한다.[44] 그리고 인간과
비인간이 내적으로 얽히는 도나 해러웨이의 '접촉 지대contact
zone' 개념을 활용하여 다음과 같이 기술대를 넘어선 새로운 사
유 체계를 제시한다.

---

43   한스 요나스, 같은 책, p. 5.
44   프란치스코 교황, 「권고─하느님을 찬양하여라」, 2023, 21항.

하느님은 우리를 당신의 모든 피조물에 결합시켰습니다. 그런데 기술 관료적인 패러다임은 우리를 둘러싸고 있는 것으로부터 고립시키고 우리를 속이며 온 세상이 하나의 '접촉 지대'라는 사실을 잊어버리게 만듭니다.[45]

미래에 대한 요나스의 책임 윤리는 하이데거, 후설 등의 현상학을 발전시킨 존재론에 기반한다. 하이데거에 따르면, 인간은 자신의 의지로 태어난 것이 아니라 이 세상에 던져진 존재(현존재Dasein)다. 내던져진 인간은 세계의 다른 존재들에게 관심을 가지고 돌보거나 보살피는 존재다. 여기서 인간의 의식은 대상에 다가가려는 합목적적인 활동으로 작용한다. 이때 인간의 의식은 후설에 따르면 세 가지 차원을 가진다. 김주환은 『내면소통』에서 이를 다음과 같이 설명한다. 하나는 원초적인 순수자아pure I, 타인에게 드러나는 인격자아personal I, 모든 것의 근원인 근원자아primal I다. 여기서 근원자아는 판단 중지를 하는 자아다. 요나스의 판단 중지란 일상의 경험적 수준의 판단이 아니라 고도의 직관과 통찰을 통해 깨어 있는 총체적 의식을 강조하는 것으로 보인다.[46] 즉 김주환이 지적하듯 데이비드 봄이 말하는 대상의 내면과 외부 사이의 통일된 연관성과 단일

---

45   프란치스코 교황, 같은 글, 66항.

46   김주환, 『내면소통』, 인플루엔셜, 2023, p. 251.

한 장을 강조하는 생태적 세계관이라 할 수 있다.

요나스의 탁월함은 다른 근대 문명 철학과 달리 인간의 내면성으로부터 동물, 식물 등 비인간 존재의 내면성에 대한 감정이입을 강조한다는 데 있다. 요나스는 동물을 내면성과 물질성을 가지는 통일체로 파악한다. 이는 앞서 베리의 비인간 존재와의 친교와 그들의 내면성을 향한 관심, 누스바움의 지구정의론과 같은 흐름을 보인다.

요나스는 다른 존재들에 대한 염려와 미래에 대한 책임 윤리를 위한 방법론으로 공포의 발견술Heuristik der Furcht을 제안한다. 공포의 발견술은 고도의 과학기술로 인해 나타난 불확실한 미래를 종말론적으로 예상해보고 경종을 울리며 그 책임 윤리를 상기하는 것이다.[47] 이는 비관주의가 아니라 다양한 징후 속에서 부정적 미래를 예방하고 대안을 찾아나가기 위한 적극적 미래 개입의 일환이다. 인간의 겸손을 강조하면서 상상할 수 없는 것을 상상해보는 미래학의 다양한 사고실험과 맞닿아 있다.

책임은 두 가지 의미를 지닌다. 하나는 행위의 원인과 결과라는 인과적 책임 소재이다. 다른 하나는 인간이 지속적으로 행해야 할 것의 책임이다. 책임이란 미래 세대와 비인간 생명이 고유의 가치를 가지는 존재로서 당연히 가질 권리에 대한 의무이다. 그런 점에서 그는 칸트의 윤리에서 한 단계 더 나

---

47   양해림, 같은 책, p. 58.

아간다. 칸트는 '약속을 지켜야 한다' '거짓말하지 말아야 한다' 등, 무조건적으로 행해야 하는 도덕적 명령을 '정언명법'으로 제시했다. 요나스는 이 같은 정언명법으로 "네 행위의 영향이 믿을 수 있게 영원히 지상의 진정한 인간적인 삶이 되도록 행하라"를 제시한다.[48] 미래에 대한 책임 윤리는 우리로 하여금 단지 미래학적 시나리오 사고만이 아니라 대의제에 대한 새로운 상상을 자극한다. 요나스는 다음과 같이 말한다. "대의 정치의 원리와 절차에 따르면 오로지 현재의 이해관계만이 청취되고, 그 중요성을 관철시키며, 배려해줄 것을 강요하기 때문이다 — 그러나 미래는 어떤 위원회에서도 대변되지 않는다. 미래는 자신의 세력을 이용할 힘이 없다. 실존하지 않는 것은 로비 활동을 할 수 없으며, 태어나지 않은 자는 힘이 없다."[49] 요나스의 문제 제기는 뒤에서 내가 제안할 새로운 미래대표제의 신설 구상을 자극한다.

앞에서 지구와 인간의 친교를 강조하는 토마스 베리의 우주론, 모든 존엄하고 취약한 존재의 자유로운 역량을 지원하는 마사 누스바움의 정의론, 미래에 대한 인간의 책임을 강조하는 한스 요나스의 윤리론을 살펴보았다. 이 세 수원지는 다음 세대의 정치질서를 건설하는 데 중요한 원재료로 활용될 수 있다.

---

48   양해림, 같은 책, p. 172.
49   요나스, 같은 책, p. 58.

근대 자유주의적 민주주의의 혁신 모델을 주도한 미국 혁명의 원재료는 자유주의와 공화주의다. 이는 현실의 제도적 형태라는 의미와 지향해야 하는 가치라는 두 가지 범주로 이해할 수 있다. 후자는 부단히 추구하면서 목표를 향해 열린 경로다. 공화주의는 권리 중심의 자유주의와 인민주권의 민주주의 담론까지 포괄하는 보다 풍부한 수원지다. 공화주의의 라틴어 어원 Res Publica는 모든 이의 것을 뜻한다. 여기서 '모든 이'는 정해져 있지 않으며 부단히 해석되고 확장되는 열린 개념이다.

민주주의가 오작동을 일으키듯, 그 원재료인 공화주의도 오작동을 일으키고 있다. 민주주의를 넘어서는 새로운 정치질서는 기존 공화주의가 포괄하지 못하는 새로운 우주론, 정의론, 윤리론에 의해 뒷받침되어야 한다. 「서문」에서 나는 '존 듀이의 실용주의가 왜 중국에서 뿌리내리지 못했는가'에 대한 베리의 통찰을 인용한 바 있다. 지구적으로 더 포괄적인 합의의 토대를 구축하려면, 미국판 실용주의 대 중국판 실용주의를 넘어서는 사유의 지평이 필요하다.

토마스 베리의 통합적 우주론과 자연권 사상에는 서구뿐 아니라 다양한 대륙의 사상적 전통이 녹아 있다. 에벌린 터커가 강조하듯 우주와 자연 질서 속에서 인간의 위치를 파악한 공자의 사상이나 신유학, 다양한 대륙의 전통적 토착민 사상과 베리의 우주론 사이에는 상통하는 부분이 많다.[50] 아쉽게도 베리나 터커가 관심을 가지지는 않았지만, 동학의 우주론을 비롯해 한국에서의 문명 전환 운동도 생태 유교론 못지않게 동서양의 융합으로서 풍부한 자원을 가지고 있다.[51] 특히 한국에서 수십 년간 『녹색평론』을 매개로 생태 운동을 전개한 김종철은 이반 일리치 등의 근대 산업주의 문명 비판을 동학 등의 환대 및 상호부조의 생명 사상과 종합한 새로운 가치의 정치질서를 만들고자 고투했다. 민주주의가 오작동하는 미국이 전통적인 자유주의적 민주주의 정치질서를 안팎으로 개혁해 중국과의 갈등을 풀어나가려는 노력은 부단히 좌충우돌할 수밖에 없다. 근원적으로는 새로운 우주론을 통해 공통 지대를 확대해나갈 때 지속 가능한 국내외 정치질서가 갖춰질 수 있다.

토마스 베리, 마사 누스바움, 한스 요나스의 지적 수원지를 토대로 미래 세대와 지구 행성을 살아가는 생명 공동체를 위한 정치질서를 나는 생명공화주의 정치질서라 부를 것이다. 이 질서를 지탱하는 세 가지 핵심 가치는 첫째, 인간을 포함한 모든 취약한 생명체에 대한 상호 염려와 상호 돌봄, 자유로운 역량 실현의 가치다. 둘째, 지구와 인간의 친교와 공존의 가치다. 셋째, 미래 세대와 비인간 존재, 지구 행성에 대한 책임의 가치다. 이 가치들을 녹인 정치 형태는 그간 모든 의사 결정에서 배제된 인간들은 물론이고 다양한 지구 생명체의 대표성을 부단

---

50 터커 외, 같은 책, pp. 356~412.
51 주요섭, 『한국 생명운동과 문명전환』, 풀씨, 2023.

히 확장해나가는 방식을 택한다. 이를 위한 정치 연합은 제도권 내·외부에 위 세 가지 가치를 지향하는 정치인, 지식계, 시민사회의 생명공화주의 정치 블록을 형성한다. 하지만 모든 생명체가 의사 결정에 참여한다는 목표와 현실 사이에는 커다란 간극이 있다. 인간의 공존조차 아직 너무나 결핍된 것이 현실이기 때문이다. 다음 장에서는 생명공화주의 정치질서로 이행하기 위한 첫 단계이자 실험으로서 기존 제도를 보완하는 제4부를 다루고자 한다. 이마저 급진적으로 간주되는 현실에서 이를 성공적으로 구현한다면 우리는 수십 년에 걸쳐 생명공화주의 정치질서로 이행해갈 전망을 확보할 수 있을 것이다.

3장

미래 세대와
비인간 생명을 위한 제4부

―미래심의부 구상

이런 상황에서는 시급하고 반드시 실행할 필요가 있는 조치를
제대로 취하지 못한 정치인으로 기억될 뿐일 터인데
그 누가 권력을 잡으려 하겠습니까?
— 프란치스코 교황, 「권고」

상상력을 위한 정치

앞에서 우리는 미래 세대와 지구를 위한 정치철학적 수원
지로서 토마스 베리의 지구법, 마사 누스바움의 역량 접근법,
한스 요나스의 미래 책임론을 제기했다. 이 세 가지 철학은 미
래 비전을 위한 규범적 가이드라인에 그치지 않는다. 선한 인
물이 비전을 가지고 이를 정치 과정에서 구현하려고 아무리 노
력하더라도 그는 단기주의 선거와 의회 정치질서 자장 안에서
활동할 수밖에 없다. 미국 밀레니얼 세대의 스타 정치인이자
생태사회주의자 오카시오-코르테즈는 탁월한 미래 비전을 가
지고 있지만, 현 미국 민주주의와 양당 구조에서는 그마저 바
이든과 같은 중도주의자들의 현실주의와 타협하는 길을 걸어

갈 수밖에 없다.

다가오는 기후 파국과 악화되는 불평등의 현실은 급진적 해결책을 요구하는데도, 현실 정치 지형에서는 오히려 오카시오-코르테즈 등의 이상주의자들이 더 고립되고 있다. 미국 민주당의 대표적 주류 인사인 래리 서머스 전 재무장관은 기후위기 극복을 위한 바이든의 야심 찬 인프라 구축 프로그램인 인플레 감축 법안IRA이 도리어 인플레이션을 유발하여 중도층의 이반을 불러왔다고 불평을 늘어놓는다. 한국에서는 장혜영 전 의원 등의 활약에도 불구하고 국회 기후위기특별위원회가 아무런 성과 없이 종료되었지만, 중도주의자들은 어떠한 유의미한 행동도 취하지 않았다. 그리고 이어진 제22대 총선에서 기후 정치는 양당의 무관심 속에 녹색정의당 및 시민사회의 어젠다로만 국한되었다. 시급한 조치를 취하지 않는 의회로 역사에 기록될 터인데도, 앞서 인용한 교황의 한탄과는 대조적으로 의원들은 아직도 현실 권력을 쟁취하기 위한 당파적 내전의 수렁으로 더 깊이 빠져들 뿐이다.

정치 구조의 한계는 곧 시민들의 상상력과 실천을 제약한다. 그렇다면 우리가 앞으로 어떤 새로운 것을 상상하든 현실에 번번이 가로막혀 사고실험에 그칠 수밖에 없는가? 물론 지금 인류가 더 나은 미래를 상상하지 못하는 것이 단지 현실주의적 계산 때문만은 아니다. 민주주의 개념은 수십 년간 인류에게 상상력과 행동을 촉발했지만, 이후 민주주의 개념을 넘어선 이야기 구조를 접할 기회가 없었기 때문에 더욱 현실주의의 수렁으로 빠지기도 한다.

시간이 얼마나 걸리든, 새로운 이야기 구조에 공감하는 이들이 전 세계적으로 늘어난다면 어느 시점에 인류는 민주주의를 넘어선 물질적 실험의 분기점을 만들어갈 것이다. 더구나 각종 기후 재난이 갈수록 심화하고 이를 틈타 생태 파시즘 등의 참주 선동 세력이 바이러스처럼 출현하는 시기에는 반대로 생명 존중의 가치를 중시하는 대안적 정치질서에 대한 요구에도 가속이 붙을 수 있다. 초보적 형태로라도, 전 세계 어딘가에서 비전 있는 전환적 리더십이 이끄는 대안적 생명 정치질서 실험은 시민들로부터 대안적 흐름을 더욱 확장하고 구체화할 수 있다.

대안적 정치질서는 정치적 의사 결정에 대한 새로운 답을 마련하는 과정이다. 이는 다음과 같은 질문을 포함한다. 당면한 이슈에서 정치적 이해관계자는 누구인가? 누가 의사 결정에 참여하고 누가 배제되는가? 의사 결정 과정에서 이해관계자에 대한 반응성과 책임성은 어떻게 구현되는가? 의사 결정의 프로세스와 거버넌스는 어떻게 조직되는가? 기존 민주주의의 내적 한계를 극복하고자 하는 새로운 정치질서는 이 질문들에 답해야 한다. 이 질문들에 대한 체계적 답은 현재 의사 결정 구조 전반, 즉 입법부, 행정부, 사법부 등에 걸친 기성 정치제도 영역 및 시민사회의 총체적 혁신이 이루어져야 실현 가능하다. 나는 베리가 말한 바이오크라시에서 그 가능성을 본다.

　　모든 영역에 총체적 대안을 제시하는 것도 중요하지만, 실질적 전환에는 이행 전략이 요구된다. 특히 이미 제정된 법률에 기반해 집행하거나(행정부) 심판하는(사법부) 기관이 아닌, 법과 원칙을 세우는 기관에서 생명공화주의적 원칙을 세우게끔 의회를 개혁해 그 변화가 행정부와 사법부의 변화로도 이어지게 하는 전략이 있다. 프랑스와 영국에서 기후위기를 극복하기 위한 시민의회 운동이 크게 주목받았던 이유도 거기에 있다. 이 장에서는 기존 민주주의의 오작동이란 관점에서 먼저 의회 개혁의 논의들을 간략히 살펴본다.

민주주의 개혁 구상들과 한계

　　1장에서 나는 건국시조들의 설계도를 검토하면서 기존 민주주의를 심화하는 동시에 민주주의 차원을 완전히 넘어서는 이중의 과제를 제기한 바 있다. 민주주의 심화는 정치에서 배제된 구성원들에게 참여와 대표의 문을 적극적으로 확장하는 것이다. 민주주의 차원을 넘어서는 것은 단기주의 인간만이 아니라 미래 세대와 비인간으로 구성되는 모든 지구 행성 공동체의 의사 결정 체제를 구축하는 것이다.

　　먼저 민주주의 심화에 관해서는 훌륭한 개혁안이 많이 나와 있다. 문제는 이를 실현할 정치적 의지와 세력이다. 민주주의 심화의 핵심은 과거 반反연방주의자들의 문제의식을 복원하는 것이다. 즉 매디슨이 추구한 탁월한 엘리트가 아니라, 일반 시민들과 공감할 수 있는 다양한 배경을 가진 의원들로 의회를 구성하는 것이다. 반연방주의 전통에 따라 주목할 만한 개혁안은 케빈 올리리Kevin O'Leary의 평의회론이다. 제퍼슨과 아렌트의 평의회 구상이라는 유산을 21세기에 되살리고자 한 그는 매디슨의 대선거구론이 가지는 엘리트주의 함정을 정확히 파악했다. 올리리는 "큰 의회 선거구들을 제안한 매디슨의 목적은 가게 소유자, 노동자, 소농이 아니라 자연 귀족인 공화국 신사들이 선출될 수 있도록 하는 데 있었다"라고 강조한다.[1] 반연방주의에 입각해 올리리는 기존 민주주의 제도에 각 풀뿌리 대의원들에 의한 435개 지역민회Citizen Assembly를 추가하자고 제안한다. 과거 제퍼슨 전통을 따라 아렌트가 제안한 평의회와 유사한 이 제도를 구체적으로 보면, 유권자 수가 평균 65만 명인 하원 선거구를 100개의 구區, ward로 나눠 각 구당 6,500명씩 구성되게 한다. 지역민회는 각 구마다 1명씩 추첨해 100명의 시민으로 기존 단위가 구성된다. 그리고 조직의 집행력을 위해 아테네의 500인 평의회council와 유사한 조직을 제안한다. 1단계 실험이 성공하면 435개 지역민회는 네트워크를 구성해

---

1   케빈 올리어리, 『민주주의 구하기』, 이지문 옮김, 글항아리, 2014, p. 309.

인민원People's House이 된다. 기존 상·하원이 결국 귀족주의적 기관으로 전락했기에 인민원은 건국시조들이 의도한 인민의 대표성을 가지는 실질적 하원의 기능을 수행한다. 이로써 건국 시조들의 양원제는 이제 삼원제로 진화한다. 올리리는 기존 양원에서 통과한 법안에 대한 거부권, 법안 발의권, 계류나 폐기 예정 법안을 표결에 회부할 권리 등을 인민원에 부여한다.[2]

올리리의 삼원제 구상은 기존 민주주의 제도의 대안으로서 서구에서 가장 매력적인 어젠다이다. 올리리와 유사한 문제의식을 가진 개혁안은 서구에서 꾸준히 제기되어왔다. 예를 들어, 게오르기오스 파판드레우 그리스 전 총리는 아테네 민주주의 포럼 및 『뉴욕 타임스』 기고를 통해 삼원제를 제기했다. 그리고 상·하원 양원에 추가되는 이 새로운 기관을 입법부, 사법부, 행정부에 이어 제4부로 격상했다. 그는 기존 입법부가 더는 시민의 대표성을 가지기 어려우므로 제4부를 통해 시민의 참여와 반응을 이끌어내야 한다고 주장한다.[3] 로베르토 웅거는 기존 3부에 제4부 '인민부Popular Branch'를 추가해 대통령제와 의원내각제의 역동성을 결합하는 하이브리드 개혁을 제안한다. 즉 미국 대통령제의 원형을 유지하면서도 교착 상태에 빠진 의회를 해산할 수 있는 권리를 결합하여 정치의 온도를 높이자는

---

2   올리어리, 같은 책, pp. 169~70.

3   George A. Papandreou, "We Need a Fourth Branch of Government," *New York Times* 2019. 10. 6.

것이다.[4] 한국에서도 2024년 5월 8일 개최된 시민의회 국제 심 포지엄을 계기로 이를 입법하기 위한 운동이 조금씩 전개되고 있다.

제4부 신설이라는 개혁안은 의회가 동료 시민들의 참여를 다시 이끌고 대표성을 얻기 위해 시급히 필요한 조치다. 다만 대표성에 대한 관점을 더 확장해서 보면, 민주주의 심화 구상은 매우 중요하지만 다음 질문들에 충분한 답이 되지는 못한다. 지구법학에서 말하는 비인간 생명체는 누가 대표하는가? 시민에게만 반응하는 동료 시민들로 채워진 의회에서 현재와 미래 이슈, 혹은 인간과 지구의 조화 등을 해결할 수 있는가? 전문성을 갖추지 못한 이들이 장기적 미래를 충분히 고려할 수 있는가? 시민 참여에 중점을 둔 시민의회가 이 질문에 제대로 답하기는 어렵다. 누군가는 현재를 살아가는 유권자의 이익, 나아가 인간의 이익을 넘어 지구 행성을 살아가는 생명 존재들 및 미래 이익과 균형을 맞추는 역할을 수행해야 한다. 이는 기존 민주주의를 뛰어넘는 일이다.

이제는 인간 중심의 시민 참여를 통한 개혁을 넘어 이 질문들에 대답할 수 있는 정치질서를 설계할 때다. 오해를 피하기 위해 다시 강조하자면, 이 정치질서는 앞의 민주주의 개혁 구상과 배치되지 않는다. 실제로 대니얼 피오리노의 지적처럼,

---

4   웅거, 같은 책.

아직까지 민주주의 제도는 권위주의를 비롯해 현존하는 어떤 대안들보다 기후위기 등 뉴노멀에 더 잘 대처하고 있다.[5] 민주주의는 권위주의 체제보다 투명하고 유연해 더 큰 회복 탄력성을 가지기 때문이다.

하지만 민주주의의 근원적 한계에 대한 문제의식은 날로 증가하고 있다. 나오미 오레스케스와 에릭 M. 콘웨이는 향후 기후위기가 가속화되면 권위주의 체제의 중국이 더 결단력 있게 대처할 수 있지 않을지를 질문한다.[6] 데이비드 셔먼과 조지프 스미스는 2007년 『기후변화의 도전과 민주주의의 실패』라는 도발적인 책에서 대중민주주의의 한계 및 지혜로운 엘리트의 통치 필요성을 시사했다.[7] 일각에서는 기존 민주주의의 한계에 대한 비판적 문제 제기에 그치지 않고 대안을 제시하기 시작했다. 이미 앤드루 돕슨은 1998년 비인간 생명체를 의사결정에 참여시키는 대안적 방향을 제시한 바 있다.[8] 다만 아직까지 구체적 제도 설계를 내놓지는 않았다.

5   Daniel J. Fiorino, *Can Democracy Handle Climate Change?*, Polity, 2018.

6   나오미 오레스케스·에릭 M. 콘웨이, 『다가올 역사, 서양 문명의 몰락』, 홍한별 옮김, 갈라파고스, 2015.

7   David J. C. Shearman & Joseph Wayne Smith, *The Climate Change Challenge and the Failure of Democracy*, Praeger, 2007.

8   Andrew Dobson, "Representative Democracy and the Environment," William M. Lafferty & James Meadowcroft(eds.), *Democracy and the Environment*, Edward Elgar Publishing, 1998.

장기주의적 문제의식과 실험들

제4부를 신설하자는 앞의 개혁안들은 훌륭한 진전이지만 여전히 인간중심주의 시야에 머물러 있다. 제4부는 인간만이 아니라 생명 공동체를 포괄적으로 대표하는 기관으로 정립될 필요가 있다. 나는 생명공화주의 질서로 이행하는 한 전략으로서 하원보다는 장기주의적 이익과 심의적 결정에 특화된 상원의 역할에 주목한다. 미국과 달리 단원제인 한국에서도 오래전부터 상원 도입에 대한 개혁안들이 논의되어왔다. 다만 이 논의는 주로 지역 대표성을 가지는 상원의 필요성에 국한되었다. 미국 상원의 한계에 대한 다양한 논의가 제기되는 가운데, 미국식 상원을 도입할지 여부를 떠나서 장기주의적 관점을 갖출 수 있는 새로운 제도에 대한 논의가 한국에서도 필요하다.

물론 미국 상원도 하원처럼 오작동이 분명해지면서 여러 개혁안이 나와 있다. 래리 새버토는 전직 대통령과 부통령은 선거의 제약에서 자유로우므로 상원에 당연직으로 자리를 보장해야 한다고 주장한다. 또한 인구 증가를 반영해 상원 의석을 100석에서 135석으로 늘려 인구가 많은 주들의 대표성을 높여야 한다는 주장을 펼친다.[9] 이는 상원이 조금이라도 초당적으로 미래 이익을 고려하기 위해 필요한 개혁이자 현실적 안

---

9   Larry J. Sabato, *A More Perfect Constitution*, Bloomsbury USA, 2008.

으로 보인다. 단, 진영 간 대결이 심화된 미국 정치 지형에서 이 같은 개혁은 불가능하거나 설령 가능하더라도 오작동을 치유하는 데 불충분할 수 있다. 상원이 직접선거로 선출되는 한, 철저한 장기주의적 시각은 기대하기 어렵다.

최근 전 지구적으로 장기주의적 관점에서 상원의 원래 목적과 같은 역할을 하는 조직에 대한 문제의식과 실험이 늘고 있다. 영국 웨일스에서는 2015년부터 미래 세대 커미셔너Future Commissioner를 임명해 이들에게 미래 세대의 보호자 역할을 부여하고 있다. 미래 세대 커미셔너는 공적 기관들이 장기적 영향을 숙고한 다음에 의사 결정을 내리게끔 모니터링하고, 여러 기관이 미래의 문제를 예방하도록 의견을 모은다. 나아가 장기적 미래를 위한 권고 사항을 내놓아 이를 반드시 기존 의회 내에서 검토하도록 강제한다.

비록 결정을 강제할 권한은 없는 자문 기구이지만, 미래 세대 커미셔너는 단기주의에 중독된 의회를 일정 수준 견제할 수 있다. '미래 세대의 웰빙을 위한 법'에 따라 이들은 의사 결정의 장기적 영향을 고려해야 하는 공공기관을 평가한다. 이 법은 전 세계에서 가장 선구적으로 미래 세대에 대한 장기적 영향을 고려하도록 강제한다.

이스라엘에서도 웨일스와 같은 문제의식에서 미래위원회 실험을 한 바 있다. 미래 세대를 위한 크네세트Knesset 커미션이다. 2001년 채택되어 단임 임기의 마지막 해인 2006년까지 시행된 이 커미션은 특히 의회에 초점을 맞추어 그들의 의사 결정이 장기적 미래에 끼치는 영향을 평가했다. 크네세트 커미션은 웨일스의 미래 세대 커미셔너보다 더욱 대담한데, 의사 결정을 지연할 수 있는 권한을 부여받았기 때문이다. 공식적으로 거의 활용되지는 않았지만 기존 법안을 발의하는 이들에게 불편과 압력을 행사할 수 있는 유용한 권한이다. 반대로 단기주의 기득권을 수호하고자 하는 이들에게는 수용하기 어려운 개혁안이기도 하다. 그래서 이 권한이 발효될 경우 수많은 이해관계자의 극심한 반발에 직면할 수 있다. 실제로 첫 커미셔너인 테슈너Na'ama Teschner에 따르면, 의회 관계자들은 커미션이 "그들의 업무에 관여할 권한을 너무 많이 부여받았다"라고 느꼈다.[10]

장기주의적 시각을 갖춘 조직들은 실험을 통해 효능감을 증명함으로써 전 세계적으로 더욱 확산되는 길을 터놓을 수 있다. 처음에는 자문 기구로서 일부 권한을 부여받거나, 거부권(지연권)과 미래 지향적 입법권까지 행사할 수도 있을 것이다. 나아가 미래 세대뿐만 아니라 미래 존재, 즉 비인간 생명체와 지구 행성 공동체 전체를 대표하는 다양한 수탁자들의 의사 결정 기구로 발전될 수 있다. 다양한 실질적 권한을 가지고 미래

---

10   민주주의와 지속 가능한 개발 재단Foundation For Democracy & Sustainable Development의 홈페이지를 참고했다. (www.fdsd.org/ideas/Knesset-commission-futuregenerations/)

주체들을 대표한다면, 생명공화주의로 이행하는 데 가장 중요한 역할을 할 것이다.

앞에서 예시한 사례들은 미래 세대나 전문가의 참여를 통해 의사 결정에 균형을 이루려는 시도다. 한편 최근에는 극단적 형태의 엘리트 통치 제안 또한 눈에 띈다. 제이슨 브레넌은 『민주주의에 반대한다』에서 무지한 대중의 나쁜 투표가 정치를 위험에 빠뜨린다고 주장한다.[11] 그는 지식과 정보를 더 많이 가진 지식인에 의한 통치, 즉 '에피스토크라시'를 실험하자고 도발적으로 제안한다. 이 레짐은 누구나 참여할 수 있지만 역량 평가를 통해 검증된 전문가로 구성된 평의회가 통치한다. 평의회는 새로운 법을 만들 수는 없지만 기존 법안에 거부권을 행사할 수 있다.[12] 이러한 엘리트 통치가 최근 강조되는 이유는 각종 포퓰리즘의 물결이 거세진 현 상황에서 유권자들의 현명한 판단을 신뢰하기가 더욱 어려워진 데 있다.

민주주의에 대한 규범적 정당성과 관심이 덜한 비서구권에서는 극단적 엘리트 통치에 대한 구상들이 비교적 더 활발하게 제안되고 있다. 이 중에서 미래적 관점을 제도 속에 강력하게 관철하고자 하는 한 가지 흥미로운 구상이 중국의 재야 학자인 장칭의 '유교헌정주의'다.[13] 장칭은 서구 자유주의적 민주

---

11   제이슨 브레넌, 『민주주의에 반대한다』, 홍권희 옮김, 아라크네, 2023, p. 71.

12   같은 책, p. 342.

13   Jiang Qing, *A Confucian Constitutional Order*, Edmund Ryden(trans.), Daniel A.

주의가 체제의 정당성을 오직 인민주권에서만 도출하는 것에 대해 비판적이다. 장칭이 보기에 자유주의적 민주주의는 주권을 중세의 신으로부터 속세의 인간에게 이양한 것에 불과하다. 그는 자유주의적 민주주의가 항상 도덕적일 수도, 장기주의적 결정을 내릴 수도 없는 인간에게 유일한 권위와 정당성을 부여하기 때문에 결코 기후위기 등을 극복할 수 없다고 비판한다. 반대로 그는 유교의 천지인天地人 사상에 근거하여, 정치적 실행에 관여하는 기관을 세 가지 주권(우주, 역사와 문화, 인민)과 이를 반영하는 세 가지 대표제로 구성한다. 천House of Ru은 하늘의 의지 반영으로서 유교 학자들이 제안하는 권위 있는 학자들로 구성된다. 이들은 중국의 전통적 능력주의에 따라 유교 고전에 출중한지 검증받고 행정부 내 낮은 지위에서 충분히 훈련과 평가를 거쳐 임명된다. 지House of Nation는 기존 역사와 문화의 반영으로서 역사학자, 은퇴한 고위 관료, 판사, 외교관, 다양한 종교의 대표자, 과거 명사나 통치자, 현자의 후손으로 구성된다. 인House of People은 인간의 의지 반영으로서 기존의 선거 제도와 유사하다. 장칭은 이란의 신정 체제와 달리 하늘의 법칙을 반영하는 기관이 절대적 권위를 가지는 것이 아니라 이 3부 간의 견제 원리가 작용한다고 주장한다. 법안이 통과하려면 최소한 이 3부 중 두 기관에서 통과되어야 한다는 것이다.

Bell & Ruiping Fan(eds.), Princeton University Press, 2013, p. 7.

장칭의 삼원제는 두 가지 추가적 기관에 의해 보완된다. 하나는 아카데미이고 다른 하나는 상징적 왕권이다. 아카데미는 중국의 전통적 기관으로서 기록 보관원 기능과 더불어 삼원제 간의 갈등을 최종적으로 조율하는 기능을 수행한다. 미국으로 비유하면 국가기록원, 대법원 및 감찰 기관 등을 융합한 것과 유사하다. 또한 상징적 왕권은 국가를 상징적으로 대표하며 국가 간 조약과 법을 최종 공표하고 사면 등의 기능을 수행한다. 이는 마치 입헌군주제 국가가 자유주의적 민주주의를 따르면서도 군주가 상징적 존재로서 국가 통합 기능을 하는 것과 유사하다.[14]

이 창의적 구상과 미국 건국시조들의 양원제 사이에는 흥미로운 공통점과 차이점이 있다. 공통점은 천과 지를 통해 상원과 같은 중·장기적 관점과 전문성을 획득하고, 인을 통해 인민을 반영한다는 점이다. 반면 차이점은 매우 실용주의적으로 설계된 미국 정치제도에 비해 훨씬 웅대하게 (유교적) 우주론을 제도 속에 녹였다는 점이다. 천과 지는 미국 상원이 하는 현자의 의사 결정 기능을 더 광범위한 우주론과 역사적 문화 속에서 부여한다.

장칭의 구상이 흥미로운 이유는 기존 전통적 유교를 현대화한 신유교주의 흐름을 정치질서에 녹여냈다는 데 있다. 신유

---

14   Jiang, 같은 책, p. 9.

교주의는 가깝게는 17세기, 멀리는 11세기에 이르는 송과 명왕조 시기의 유교 전통을 계승해 인간의 초월적인 영성 등 마음을 계발하는 데 중점을 둔다.[15] 하지만 신유교주의의 영성적 세계관을 단지 규범적으로 강조하는 데 머무르지 않고 새로운 정치질서의 제도로 구체화했다는 점에 의의가 있다. 그런 의미에서 그는 기존의 신유교주의는 자기 계발의 유교주의self-cultivation Confucianism, 자신의 관점은 정치적 유교주의political Confucianism로 구별한다.[16]

유교헌정주의 구상은 제시된 개혁안들 중에서 미래 주체가 가장 분명히 대표되는 성격을 지닌다. 그렇다고 과연 유교주의가 한 사회의 유일한 가치 체계로 적절한지는 의문이다. 조지프 찬은 유교라는 특정한 선과 삶의 양식을 국가 이념으로 추구하는 장칭을 '극단적 완벽주의자extreme perfectionist'라 비판한다.[17] 물론 국가가 다원적 가치에 대해 보다 열려 있어야 한다는 조지프 찬의 비판은 그리 공정하지 못하다. 서구 국가가 다원성을 장려하는 것은 어디까지나 자유주의적 민주주의 가치에 근거한 헌정주의를 전제로 한다. 비자유주의적 정치 관행은 법적 보호를 받지 못한다. 오히려 문제는, 자유주의적 민주주의를 대체하는 유교주의가 과연 사회의 여러 주요 가치 중

---

15   같은 책, p. 4.
16   같은 책, p. 5.
17   같은 책, p. 10.

하나가 아니라 포괄적 가치가 될 수 있느냐는 것이다. 메리 에 벌린 터커가 주장하듯 유교의 현대적 해석으로서 생태주의 유 교관(지구와 인간의 공존)은 얼마든지 헌법적으로 수용 가능하 다. 이 관점은 서구와 중국 헌법이 공통으로 기초할 수 있는 것 이기도 하다.[18] 하지만 총체적으로 유교적 세계관에 기초한 사 회를 구성하는 것은 차원이 다른 이야기다. 만약 그러하다면 국가는 유교가 강조하는 효의 가치에 따라 가족의 가치와 관계 를 법으로 규제할 가능성이 높다. 그리고 이는 전통적 역사와 문화를 반영하고자 하는 지地의 기관에 의해 더욱 힘을 얻는다. 공동체주의 세계관에서 전통적 가치에 근거한 사회 구성을 강 조하는 것과 유사한 광경이다. 반면에 민주공화국은 전통적 가 치를 그대로 수용하지 않는다. 공화주의에서 이야기하는 공동 체란 사회정의에 대한 구성원의 부단한 합의에 기초한다. 그저 전통문화를 따르는 공동체주의와는 질적 차이가 있다.

장칭의 '견제와 균형' 설계는 의도한 목적을 현실에서 충실 히 구현하기 어렵다. 시민의 선거로 선출되는 인人의 기관은 유 교적 세계관과 전통적 가치를 수호하는 삼원제의 두 기관에 의 해 언제나 압도된다. 더구나 아카데미와 상징적 왕권은 최종적 으로 사회를 공동체주의 국가로 인도한다. 장칭의 구상이 실현

---

18   이에 대해서는 메리 에블린 터커·존 A. 그림, 『세계관과 생태학』, 유기쁨 옮김, 민들 레책방, 2003.

된 사회는 이란 신정 체제보다는 민주적이지만 중국 공산당 이념을 유교주의로 대체한 신新권위주의 체제라 할 수 있다. 실제로 장칭은 중국 공산당 체제의 정당성을 의문시하지 않으며,[19] 단지 더 포괄적인 세계관으로 대체하는 것이라 인식한다.

기후위기의 시대, 생태 파시즘 체제가 출현할 가능성이 높은 맥락에서 장칭의 구상은 위험하다. 생태 파시즘은 생태라는 미명하에 억압적 통치를 정당화할 수 있다. 중국 공산당이 향후 생태 파국적 위기나 정치체제 위기에서 권위주의적 동원을 추구한다면, 정당화의 기제로 장칭의 공동체주의 구상이 사용될 위험성이 높다. 향후 미국과 중국이 현재의 자유주의와 권위주의 제도의 오작동을 넘어 공통의 미래적 가치와 제도를 구현하려면 유교적 세계관에 절대적으로 국한되지 않는 보다 포괄적 세계관으로 나아가야 한다. 또한 이 세계관은 그저 수용과 가르침의 대상이 아니라 민주공화국에서 부단히 새로이 해석되고 정의의 원칙에서 갈등적 합의를 만들어나가는 민주적 기제여야 한다. 앞에서 언급한 웅거의 아래로부터의 시민민주주의와 장칭의 극단적 엘리트 통치 사이에서 균형 있는 가치와 제도를 만들어낼 필요가 있다.

---

19   같은 책, p. 17.

제4부는 무엇을 할 수 있는가

베리가 말한 모든 생명체의 의사 결정 참여라는 공동체의 이상적 목표는 인간끼리 보다 동등하게 참여할 수 있게끔 일부 개혁하는 것조차 힘든 현재 구조에서 유토피아적 발상처럼 보인다. 단기주의 이해관계를 가진 선출직과 이들을 선택하는 유권자가 강고하게 버티고 있기 때문이다.

하나의 방안은 '이상적 현실주의' 방법론을 채택하는 것이다. 즉 베리의 목표를 한시도 잊지 않으면서 현실과의 격차를 부단히 메우는 일련의 실험들로 이루어진 이행의 로드맵을 구성해나가는 것이다. 생명공화주의라는 궁극적 목표를 세우고 그 가치를 지향하면서 현실적으로 자문 기구에서부터 권한을 가진 새로운 조직에 이르기까지 다양한 이행 단계의 실험을 할 수 있다.

생명공화주의를 상대적으로 가장 용이하게 실험할 수 있는 영역은 의회다. 법과 원칙을 세우는 국가기관인 의회에서 생명공화주의적 원칙을 세움으로써 다른 국가기관의 변화를 이끌어낼 수 있기 때문이다. 또한 상원은 앞 장에서 보았듯 장기주의적 의사 결정이라는 본질적 존재 이유를 가지고 있기 때문이다. 아직 태어나지 않은 미래 세대가 현재의 결정에 크게 구속되는 현실, 다양한 종들이 사라져가는 위급한 현실이 우리 앞에 가시화되고 있기에 단기주의에 매몰된 의회에 대한 개혁의 압력은 갈수록 커지고 있다. 앞으로 세대 간 격차와 갈등이 커질수록, 지구 행성의 존재 기반이 무너질수록, 의회 존재 이유에 대한 압력은 더 커질 것이다. 그런 의미에서 나는 생명공화주의 문제의식을 일부 적용하는 사례이자 이행 전략으로서 의회 차원의 전환적 구상을 제시한다. 또한 이를 기존 입법부, 행정부, 사법부의 3부에 더해지는 제4부로서 미래심의부Future Deliberative Body라 명명할 것이다.

미래심의부는 주로 입법부, 행정부, 사법부 3부의 대통령제를 채택한 미국이나 한국을 대상으로 하는 제도적 대안이다. 특히 한국은 미국 대통령제를 원형으로 하지만, 이미 제도적 관성과 교착이 만연한 미국과 달리 제도의 공백이 많아 오히려 이것이 제도적 변경의 에너지로 작용한다. 게다가 한국의 시민사회는 미국과 달리 제도권 엘리트의 헤게모니가 강하지 않아 폭발적 동력으로 작용하는 경우가 많다. 따라서 이후 기존 정치의 교착이나 위기를 맞이하여 제4부의 제도적 설계의 타당성 및 시민적 공감대가 확산된다면 의외로 구체적 실험으로 나타날 가능성이 미국보다 더 높다.

제4부, 미래심의부의 역할은 첫째, 의회와 행정부, 사법부의 3부가 내리는 의사 결정의 내용을 현재와 미래 인간 및 비인간 생명 공동체의 지속 가능한 이익의 관점에서 분석하고 심의하는 것이다. 여기서 미래 세대는 선거에서 선거권과 피선거권이 없는 연령의 시민과 아직 태어나지 않은 인간들을 지칭한

다. 비인간 생명체란 인간 이외에 지구 행성에 거주하는 생물을 지칭한다.

흔히 정치 양극화가 최대 정치 개혁 과제로 인식되면서 정작 단기주의 이익을 공유하는 정치 세력 간 담합은 개혁 과제에서 사라지고 있다. 하지만 제임스 커리가 2020년 지적했듯 정치 양극화 속에서도 교착만 발생하는 것이 아니라 양당 간의 초당적이면서 비원칙적인 타협이 동시에 진행된다.[20] 특히 현재 유권자들의 관심이 미약한 미래 세대의 이슈라면 더욱더 비원칙적으로 엘리트 간에 담합하거나 무시하기 쉽다. 그리고 이는 투표 등의 권리 행사에서 아직 배제되어 있거나 이후 태어날 미래 주체들이 성인이 될 때, 자신들의 의사를 표현하기도 전에 이미 연금 등의 구조가 기울어진 운동장으로 굳어져버린 현실에 분노하고 이를 극단적으로 표출할 가능성을 높인다. 반대로 미래심의부가 존재한다면, 기존 법안을 미래적 관점에서 깊이 검토하고 공론화하는 과정을 주도할 수 있다. 이는 미래 주체들에게 기존 세대와 연대성과 신뢰감을 형성시켜줌으로써 정치 공동체의 결속력을 높인다.

둘째는 단지 수동적으로 기존 법안을 모니터링하는 역할을 넘어 능동적으로 예방하는 기능이다. 예를 들어 기후위기,

---

20 James M. Curry & Frances E. Lee, *The Limits of Party*, University of Chicago Press, 2020.

핵 위기, AI, 합성생물학 등 미래 세대와 비인간 생명에게 치명적 피해를 끼칠지도 모르는 중·장기적 이슈를 미리 발굴하고 다양한 시나리오를 전망하며 이를 예방적으로 개입하는 논의를 모으는 과정이다. 또한 논의의 결과를 예방적 법안으로 만들 수 있다. 1992년 「환경과 개발에 관한 리우 선언」은 15조에서 "심각하거나 되돌릴 수 없는 피해가 있다면, 충분한 과학적 확실성이 부족하다는 이유로 환경 악화를 예방하기 위해 비용 대비 효과적인 대응 조치들을 연기할 수 없다"라고 규정한다. 로빈 에커슬리의 제안처럼 "현재와 미래 인간과 비인간 공동체"라는 문구를 삽입한다면, 이는 인간중심주의를 넘어 훌륭한 생태적 원칙으로 전환된다.[21]

예방 기능은 앞서 분석 기능과도 결합할 수 있다. 변호사 윤세리는 이를 '합리적 미래 관리 제도'라고 명명한다. 즉 미래 전망에 기초한 예방적 성격의 법안이 실행된 후, 의회가 그 법안을 다시 분석하고 평가해 원인과 교정책을 찾아나갈 수 있다. 이는 미래 전망의 정확성을 높여나가면서, 관련자들의 책임성을 증가시킬 수 있다는 장점을 지닌다.[22]

나는 제4부를 신설하자는 개혁안을 주장하는 여타 논자들과 달리, 교착 상태에 빠진 이슈를 검토하는 역할은 미래심

---

21   Robyn Eckersley, *The Green State*, MIT Press, 2004, p. 135.

22   윤세리, 「'미래 세대' 위해 청년비례대표제 미래영향평가제 도입을」, 『조선일보』 2022. 4. 27.

의무에 부여하지 않는다. 어디까지나 의회 내 개혁 조치들(혹은 웅거가 주장하는 의회 해산 등의 역동적 조치)로써 의회가 풀어나가야지, 새로운 기관에 이 역할을 부여하여 최종 심급으로 기능하게 하는 것은 정당성을 가지기 어렵다. 제4부는 장기주의 이슈에 대해서만 조직의 소명을 가지며 기존 3부와 다른 지평의 기관이 되어야 더 생산적일 수 있다.

역할에 따른 권한은 다음과 같다. 제4부는 의회나 행정부가 제출한 법안에 대해 미래 영향 평가의 권한을 가진다. 이를 위해 법안 및 의사 결정 초기 단계에서 이들 조직에게 관련 정보를 청구하고, 평가 보고서를 발간한다. 의회와 조직은 법안이 법사위를 통과하기 전에 제4부의 영향 평가를 받아야 하며, 이 단계를 거치고 최종 법안이 확정되면 이들의 보고서를 토의할 의무를 가진다.

만약 의회에서 발의되어 대통령의 거부권 행사 없이 최종 확정된 법안이 미래심의부 검토 결과 중대한 하자가 있는 것으로 밝혀질 경우, 미래심의부는 5분의 3 표결에 따라 필리버스터의 기능을 수행할 수 있다. 기존 결정을 지연하는 권한인 거부권을 부여하는 것은, 현재의 결정이 미래를 크게 제약하기 때문이다. 돌이킬 수 없는 임계점에 다다른 이후에는 미래 주체들이 의지를 가진다 하더라도 기후위기를 교정할 길이 막힌다. 따라서 미래에 중대한 영향을 미치는 현재의 결정은 매우 신중해야 하며 충분한 공론 과정을 허용해야 한다. 다만 가중 다수결인 5분의 3이라는 높은 벽을 세운 이유는, 그러잖아도 교착 상태로 무기력에 빠진 의회의 활동을 미래심의부의 잦은 거부가 더욱더 정체시킬 수 있으므로 이를 예외적으로 발생시키기 위해서다.

필리버스터를 기한 전에 끝내기 위해서는 의회의 5분의 3과 대통령의 승인이 필요하다. 무조건 필리버스터를 허용하면 정국의 교착과 마비를 피할 수 없기 때문에 토론 종결의 조치는 필요하다. 단, 5분의 3이라는 높은 벽을 통해 의회와 시민이 충분히 논의할 기회를 제공한다. 만약 5분의 3 연합을 구성하지 못하고 의사 결정이 두 달 이상 지연되면, 국민투표에 회부해 최종 종결한다. 민주주의 국가에서 정치적 의사 결정의 최종 심급은 다소 불완전하더라도 공동체 다수의 시민이어야 하기 때문이다.

물론 최종 결정에서 시민 다수가 미래 주체의 이익을 고려해 지혜롭게 결정한다는 보장은 전혀 없다. 무엇보다 현재를 살아가는 시민들에게, 미래 주체가 다양한 이해관계자의 일원으로 참여하는 수준이 아니라 미래 대표자의 결정을 최종 심급으로 하는 데까지 수용시키기는 어려울 것이다. 더구나 극히 일부 공동체 구성원으로 이뤄진 미래심의부가 모든 유권자의 선거로 선출된 의회보다 최종 심급으로서 충분한 정당성을 가질 근거도 빈약하다. 이는 결국 앞서 언급한 장칭의 제안처럼 일부 엘리트에 의한 극단적인 전문가 통치로 변질될 우려가 있다. 비록 정치적 의사를 최종 결정할 공동체 구성원에 아직 태어나지 않은 미래 시민과 비인간 생명이 포함될 수는 없지만, 미래심의부와 필리버스터 과정을 통해 충분한 의사 표현의 기능을 부여했다고 평가할 수 있다. 정치적 의사 결정에서 모든 이해관계자가 100퍼센트 정확하게 반영되는 구조란 부단히 추구할 목표이지, 현실에서 당장 관철할 수 있는 것은 아니다.

미래심의부는 어떻게 구성되는가 ― 신탁과 배심원

한편 미래심의부의 구성 방식은 그 권한의 수준보다 더 복잡한 쟁점을 야기한다. 이를 선거로 구성하면 앞에서 지적한 민주주의 과잉의 문제가 발생한다. 반대로 위로부터 선정하면 엘리트주의 문제가 발생한다. 모니카 브리투 비에이라와 데이비드 런시먼은『대표』마지막 장에서 이 곤혹스러운 쟁점에 대해 다양한 날카로운 질문을 던진다.[23] 흔히 직접민주주의를 선호하는 진보주의자들이 대의제에 대해 갖는 냉소적 견해와 달리, 이들은 흥미롭게도 대의제가 미래 세대 대표로 확장될 수 있는 유연한 개념으로서 강점이 있다고 강조한다. 이는 건국시조들의 대의제를 통한 상원 구상 자체는 긍정적으로 평가한 나

---

23   모니카 브리투 비에이라 · 데이비드 런시먼, 『대표』, 노시내 옮김, 후마니타스, 2020.

와 유사한 문제의식이다. 문제는, 건국시조들의 문제의식을 진정으로 의미 있게 재구성하려면 대의제를 어떻게 구성해야 하느냐는 것이다.

확장적 대표성을 어떻게 구성하느냐를 놓고 런시먼과 비에이라는 곤혹스러움을 표한다. 일반 시민과의 유사성, 책임성을 전문성과 어떻게 조화할 것인가 둘은 자문한다. 마찬가지로 곤혹스러운 질문이라 이들은 답을 내리기보다 「에필로그」에서 질문으로 남겨두는 편을 택한다. 다만 사고의 단서로, 미래 세대 대표는 신탁 모델일 수도 있지만 동시에 약한 형태의 동일성 정치와도 관련된다는 생각을 전개한다. 이에 대해 여러 질문이 꼬리에 꼬리를 문다. 우리는 미래 세대의 입장과 가장 잘 동일시할 수 있는 사람이 미래의 대변자로 적합하다고 가정할 수 있다. 그렇다면 그 대변자는 미래를 누구보다 자신의 문제로 실감할 청년인가? 아니면 장기적인 관점에서 세상을 보는 지혜를 갖춘 현자인가? 아니면 생태학자처럼 전문가인가? 전통적 유권자 대표와 미래 세대 대표 비율은? 비례대표제의 구체적 안은? 누구에게 수탁자 선임권을 부여할 것인가? 수탁자 선임권을 국가가 쉽게 양보할까? 지구 비상사태 발생으로 수탁자 선임권을 국가가 양보할 수도 있지만, 그 결과로 만들어진 미래심의부가 과연 민주적이기만 할까?

이 질문들에 대해 다양한 관점을 가진 이들이 다양한 방식으로 제도를 구성할 수 있을 것이다. 장기주의적 조직에서 가장 중요한 가치는 두 가지, 인간과 지구의 공존을 위한 지속 가능성 및 공동체에 대한 연대적 책임감으로 규정될 수 있다. 전자는 장기적 전망과 시야에 대한 전문성으로 지혜로운 의사 결정 과정을 거치는 현자의 역할이다. 그리고 후자는 전문성 이전에 공동체를 같이 살아오고 앞으로 살아갈 존재들에 대한 동료의식 및 윤리적 책임감이다. 이 두 가지 가치를 모두 구현하기 위해, 신탁과 배심원의 결합을 시도해볼 수 있다. 1년마다 시민이 추첨하는 배심원제와 8년 임기로 선정된 수탁자를 조합하는 방식이다.

먼저 수탁자라는 다소 생소한 개념을 알아보자. 앞에서 우리는 베리의 우주론이 생태대로의 이행을 사유하는 데 중요한 근거가 된다고 지적했다. 생태대란 인간과 지구가 공존하는 새로운 문명적 질서를 가리키는 용어다. 다시 상기하자면 이 우주론은 인간과 지구의 상호 유익한 증진 및 친교의 관계를 추구한다. 지구 행성 공동체의 일원인 인간의 법체계는 이 친교의 생태적 존재론에 근거해야 한다. 이에 따라 마치 자본주의 제도가 비인간 존재인 기업에 의도적으로 법인격을 부여했듯 공동체를 구성하는 존재이자 주체인 자연은 당연히 법인격을 가진 주체로 간주될 수 있다.

물론 자연은 인간처럼 행위자로서 자신의 목소리를 의회에서 낼 수는 없다. 따라서 친교의 사유를 법적 논리인 관계적 책임성relational responsibility으로 구체화하는 것이 중요하다. 공공

신탁 법리는 "신탁으로서 지구의 안녕을 보호하고 지킬 우리의 책임"을 명시한다.[24] 인간 사회에 흔히 적용되는 후견인론을 떠올린다면 이는 자연스럽게 이해된다.[25] 예를 들어 미성년 고아나 중증 장애인은 후견인을 통해 자신의 법적 권리를 행사한다. 이들과 마찬가지로 아직 선거권과 피선거권이 없는 인간이나 태어나지 않은 인간, 비인간 생명체와 지구 행성은 자신들의 목소리를 내기 힘들기 때문에, 이러한 조건을 고려해 누군가가 수탁자와 같은 역할을 수행한다면 이들의 목소리를 정치적 과정에 가시화할 수 있다. 보셀만이 지적하듯, 수탁자의 논리는 비단 중증 장애인이라는 특별한 사례에서만 적용되는 것이 아니다. 삶의 공동체를 위한 관리stewardship나 후견guardianship의 윤리는 인류 역사상 가장 기초적인 개념으로, 이미 원주민 전통 등에 내재한다. 이는 일반적으로 공법과 관습법 및 민법에 존재하고, 국제법에서도 알려져 있다.[26]

수탁자는 현재와 미래 인간, 비인간의 지속 가능성 가치를 가장 잘 대표할 수 있는 신뢰할 만한 전문가 풀에서 선정한다. 예를 들어 세대 간 정의나 생태 가치를 연구하는 학문 공동체

---

24 Mary Christina Wood, *Nature's Trust*, Cambridge University Press, 2013(박태현, 「인류세에서 지구 공동체를 위한 지구법학」, 『지구법학』, p. 97에서 재인용).

25 김왕배, 「'인간 너머' 자연의 권리와 지구법학」, 『지구법학』, p. 35.

26 클라우스 보셀만, 「자연의 경계를 넘는 신탁 관리Trusteeship」, 『생태대를 위한 PLZ 포럼 2020 자료집』, 2020, pp. 133~34.

(지구법학계나 생물학계), 동물권과 식물권 비영리 조직, 미래학계 등을 기본 풀로 한다. 선정은 각국의 조건에 따라 다르겠지만 한국의 경우에는 대통령과 국회의장, 헌법재판소장이 각기 2인씩 지명하여 6인, 국회 미래위원회 위원장 추천 4인, 관련 학회 추천 5인에 당연직으로 전직 대통령과 전직 총리, 전직 환경부장관 등까지 더해 총 20인 내외로 구성할 수 있다. 임기는 8년으로, 중립성과 다양성을 일정 수준 보장할 필요가 있다. 또한 이 20인은 추첨으로 선출된 시민 배심원단에 의해 최종 인준 여부를 결정한다. 시민 배심원단 가운데 3분의 2가 이의를 표할 경우에는 후보를 새로 추천해, 위로부터의 엘리트 선발에 따른 공동체 내 폐쇄성 위험을 조금이나마 방지한다. 시민 배심원단의 비공개 청문회와 최종 인준을 통해 혹시 있을 수 있는 정치 세력 간 담합을 막고 당파성이 강한 전문가를 걸러낼 수 있다면, 제4부의 권위는 더 강화될 수 있다.

위로부터의 수탁자 선출 방식이 비교적 장기주의 시야와 초당적 태도를 견지한 탁월성을 중점으로 삼는다면, 배심원 추첨 방식은 공동체 동료 구성원에 대한 공감과 윤리적 책임감을 강조한다. 그리스에서 유래해 현재에도 대배심 구성 등에 쓰이는 추첨은 기존 민주주의 선거제도가 가지는 귀족주의적 단점(더 많은 자원을 가진 이가 선출되는 것으로, 마넹이 예리하게 지적한 바 있다)[27]을 보완한다. 이는 미국 초기 반연방주의자들의 엘리트주의에 대한 탁월한 통찰인 다양한 현장의 시민들과 밀

착된 정치로 이끌고 과두정을 방지한다.

물론 시민 배심원 역시 단기주의에 관심이 많은 사람들이다. 이들은 1년간 배심원 활동을 수행하기 전에 1주가량 장기주의 관점을 위한 최소한의 생태 시민교육을 받을 필요가 있다. 예를 들어, 생태학자 조애나 메이시가 주장하는 생태적 감수성의 워크숍 '만물협의회Council of All Being'를 통해 체계적 훈련을 거쳐 임무를 수행하게 하는 교육 프로그램을 배심원 활동과 결합하는 것이다. 이러한 교육 프로그램이 일상적으로 각급 단위 교육기관에서 필수 시민교육으로 보장되면 생태 시민 문화 차원에서 제4부가 더 큰 힘을 받을 수 있다. 즉 일반 시민교육과 배심원을 대상으로 하는 심화 교육이 결합된다면 생명공화주의 문화가 더 단단해질 수 있다.

미래심의부를 100인으로 구성한다면, 수탁자 약 20인과 시민 배심원 80인의 비율로 구성한다. 전문가가 너무 적어도 심의 토론을 충분히 전개하지 못하고, 너무 많으면 시민들의 역동성과 창의성이 저해된다. 만약 미래심의부 의원 100인이 20인 단위의 5개 소위로 나뉜다면 전문가 20인이 각 소위당 대략 4인씩 참여하므로 적절한 균형을 이룰 수 있다. 시민 배심원단으로는 다양한 세대를 골고루 대표하되, 나이가 어릴수록 더 먼 미래까지 오래 살 확률이 높으므로 그에 비례해 젊은 세대

---

27   마넹, 같은 책.

의 비중을 높인다. 특히 투표권이 아직 없는 청소년이라 해도, 다양한 세대와 어울려 토론 과정에 참여할 수 있는 연령대(예를 들어 15세 이상)라면 배심원단에 참여할 자격을 부여할 수 있다.

시민 배심원단은 이선 라이브Ethan Leib 등 시민의회론자가 주장하듯 일시적으로 소집되는 시민의회와 달리 의회처럼 상시 조직으로 운용한다. 미래 주체들의 이해를 반영하는 것은 일시적 회합으로 가능하지 않고 지속적 연구와 일상적 토의가 필요하기 때문이다. 한국의 경우에는 국회 미래연구원이 지금의 미약한 권한과 조직 규모를 벗어나 본격적인 사무 기구로 발전될 수 있을 것이다.

또한 미래심의부는 미국이나 한국 의회처럼 초엘리트 조직이 아니라 일부 유럽 국가와 같이 시민의 정치인으로서 봉사 성격이 더 강하도록 설계한다. 이에 따라 각자의 직업에 종사하면서 주말이나 저녁 시간을 활용하여 입법 활동에 종사하고 임금도 그에 준하여 설정한다. 이를 시민 봉사 성격으로 규정한 것은, 엘리트적 탁월성이 강조되면 기존 의회처럼 미래심의부 역시 또 하나의 기득권 조직으로 더 쉽게 변질되기 때문이다. 또한 임기는 1년으로만 한정해 배심원 활동이 큰 부담으로 다가오는 것을 막는다. 각 시민 배심원들이 속한 조직들은 이들이 원활한 활동을 할 수 있도록 조직적으로 뒷받침해야 한다.

다만 전문가 풀과 시민 배심원단이 결합한 미래심의부에

마냥 낭만적 희망을 품기는 어렵다. 의회가 매우 격렬한 이해관계의 대립과 갈등의 장으로 비판받아온 것과 똑같은 이유로 미래심의부도 비판에 시달릴 가능성이 높다. 장기주의라는 가치는 공유할지 모르지만, 각 영역을 대표하고자 하는 사람들 사이에서도 다양한 이해 갈등이 존재할 수 있기 때문이다. 미래심의부 내에도 과학자 대 인문학자, 전문가 대 시민, 인간 대 비인간 수탁자, 아직 선거권과 피선거권이 없는 현재의 '미래 세대'와 아직 태어나지 않은 미래 세대, 미래 세대의 수탁자로서 부모와 미래 세대, 미래 1인 가족 구성원과 미래 다른 형태의 가족 구성원 등 수많은 이해관계와 시야의 갈등이 존재한다. 예를 들어, 호랑이 보호구역으로 인해 가난한 선주민들이 숲을 빼앗긴 현실을 이송희일이 고발할 때[28] 동물을 대표하는 수탁자와 선주민들을 대표하고자 하는 시민들 사이에서 미래심의부는 누구를 대표해야 하는가? 혹은 남종영의 질문처럼, 해상 풍력 단지 건설로 피해를 보는 바닷새와 신재생에너지 강화를 추구하는 이들 사이에서 누구를 대표해야 하는가?[29] 이는 미래심의부가 의회와는 달리 아름다운 화합 속에 논의의 장을 펼칠 것이라는 인식이, 현실과는 완전히 동떨어진 환상이라는 사실을 보여준다. 모든 생명체의 아름다운 공존이란 실재하지

---

28   이송희일, 같은 책, p. 11.

29   남종영, 「동물에게도 필요한 기후정의」, 『한겨레』 2024. 6. 6.

않는다. 오히려 이곳에서도 격렬한 갈등 속에서 가치의 위계가 발생하고, 아렌트나 랑시에르가 말한 박탈된 자가 존재할 수 있다. 하지만 갈등적 합의와 배제야말로 정치의 본령일 수밖에 없다. 제4부나 바이오크라시 모두 인간과 인간, 인간과 비인간의 공존이라는 이상에 가까워지려 부단히 노력할 뿐이다.

갈등적 합의의 격렬한 과정이 보다 풍부한 논의 구조 속에서 부단히 합의점을 만들어가려면 전체 공동체와의 소통이 매우 중요하다. 미래심의부는 근대 민주주의의 기존 조직과는 다르게 시민사회와 긴밀하게 결합하고, 미래 기술을 적극 활용해 심의와 참여의 혁신을 추구한다. 개방성은 시민사회 조직과의 상시적인 의견 교환과 수렴을 위해 필수적이다. 예를 들어 공론 조사국을 신설하고 블록체인 기술을 활용함으로써, 다양한 시민과 의견을 교환하고 의회 안팎에서 공론을 체계적으로 모아가는 시스템을 상설 운영한다.[30]

새로운 제도적 구상은 기존 3부제의 틀을 뒤흔든다. 따라서 반드시 헌법 개정을 전제로 한다. 한국의 헌법은 입법부, 행정부, 사법부의 3부를 전제로 한다. 따라서 헌법에 문구를 새로이 추가한다면 다음과 같을 것이다.

---

30   2023년 9월 아테네 민주주의 포럼에서 정치학교 반전 졸업생 양소희가 발표한 블록체인 민주주의 "DAO and Digital Democracy"의 내용을 참고한 것이다.

기존 입법부, 행정부, 사법부에 이은 제4부로서 미래심의부는 현재와 미래 세대 인간과 비인간 생명체들의 지속 가능한 삶에 중대한 영향을 끼치는 법률안 및 국가정책을 심의한다. 그 구성과 절차는 법률로 정한다.

이 간단한 문구를 삽입함으로써 권한과 역할이 주어지는 제4부는 생명공화주의를 실행하는 아주 작은 시작점이지만, 생태대로 나아가는 거대한 이행의 티핑 포인트를 만들어갈 수 있다.

제4부가 존재했다면

제4부가 존재했다면, 2023년 새만금 잼버리 파행 사태는 전혀 다른 차원의 논쟁으로 발전했을 것이다. 당시 보수와 진보 정치 세력들은 오랜 준비 기간이 있었는데도 잼버리 시설의 열악함을 노정하고 국격을 훼손한 파행의 책임이 누구에게 있는지 격렬한 논쟁을 벌였다. 하지만 잼버리가 개최된 새만금 갯벌에 관한 다큐멘터리영화인 「수라」는 전혀 다른 차원의 논쟁을 제기한다. 이 영화는 주류 사회의 누구도 주목하지 않는 동안 갯벌 매립 과정에서 많은 생명체가 죽어간 현실을 생생히 보여준다. 잠시 비가 내리자 자신들의 생명수인 물이 들어오는

줄 착각하고 갯벌 위에 존재를 드러낸 조개들은 결국 말라 죽고 만다. 인간중심주의적 관점에서 당연시되는 개발은 더 큰 생명의 눈으로 보면 참혹한 생태 학살ecocide이 될 수 있다.

생태 학살이란 개념까지 거론되는 가운데, 한국에서 잼버리 사태를 논의하는 수준은 매우 아쉽다. 만약 제4부가 존재한다면 이들은 조개를 비롯한 간척지 생명 존재들의 수탁자로서 생태 청문회를 실시하고, 이 생태 학살의 중·장기적 피해 상황을 분석하여 책임자들을 검찰에 고발하는 일련의 조치를 시행할 수 있었을 것이다. 잼버리 사태는 당장 현실의 수많은 논쟁에 실천적으로 개입해 우리의 시야를 생명 공동체 수준으로 끌어올릴 수 있는 제4부가 필요하다는 것을 역설적으로 보여준다.

앞서 든 사례가 너무 이상주의적으로 들린다면, 당장 현실적으로 많은 사람의 이해관계가 걸린 폐기물 쟁점도 있다. 서울 마포구 난지도의 폐기물 매립지가 대표적 사례다. 한윤정에 따르면, 폐기물은 코먼스로 간주될 수 있다. 다만 코먼스가 공동체의 공유 자산이라는 긍정적 뉘앙스를 띤다면, 폐기물은 모두가 기피하는 부정적 코먼스negative commons로 규정된다. 노을 공원 시민 모임은 폐기물을 타 지역으로 이전할 것을 요구하기보다는 이 거대한 폐기물 산의 경사면에 나무를 심고 숲을 가꾸며 공존을 시도했다고 한다.[31] 이 시민 모임의 노력이 크게 의미 있는 이유는, 폐기물이 부정적 코먼스로서 지역과 지역

간에, 현재 주민과 미래 주민 간에, 현재 비인간과 미래 비인간 주체 간에 모두 영향을 미치는 복합 이슈라는 데 있다. 난지도 사례는 폐기물 이슈를 지역 주민 간 갈등으로 쟁점화하지 않고, 인간과 인간, 인간과 지구의 공존이란 관점으로 접근한다는 점에서 주목할 만하다.

기존 정치권은 현재 지역 주민의 이해관계를 우선적으로 고려할 수밖에 없으므로, 이들에게 노을공원 시민 모임과 같은 접근법을 기대하기는 어렵다. 더구나 다양한 형태의 산업 폐기물은 물론이고 핵발전소 등 갈수록 늘어갈 부정적 코먼스를 고려할 때 기존 정치권은 갈등에 더욱더 무력해질 수밖에 없다. 제4부와 같이 현재와 미래의 다양한 이해관계자와 비인간 대표자들이 중앙이나 지역 정치의 거버넌스 구조에 들어온다면 우리는 긍정적 코먼스이든 부정적 코먼스이든 새로운 정치의 장을 열어갈 수 있다.

제4부 구상은 인간 중심의 시민의회마저 이상주의적 개혁 목표인 현실에서 너무나 비현실적으로 들릴지 모른다. 하지만 다양한 층위에서 자문 기구 성격으로 실험하고 그 과정에서 효능이 증명된다면 제4부는 얼마든지 생명공화주의로 이행해나가는 길목이 될 수 있다. 더구나 단기주의 가치를 중시하는 기존 3부에 장기주의 가치가 담긴 제4부라는 외부 개념을 삽입하

---

31   한윤정, 「지역 공동체에서 시작하는 기후 돌봄」, 『기후 돌봄』, pp. 114~15.

는 것은 체제 전반의 전환을 촉진시킨다. 외부의 자극이 중·장기적으로는 의회와 행정부 전체의 형태를, 나아가 시민사회 전반을 변화시킬 필요성으로 이어질 수 있다.

4장

모든 종들의 정치로

—생명공화주의 정치질서 만들기

생태대는 우리에게 새로운 영성 훈련을 요청하는데,
이것은 우리의 인간중심주의를 극복하여
생명 중심주의와 지구 중심주의로 나아갈 필요가 있음을 말한다.
그뿐 아니라 우리의 민주주의를 바이오크라시로
바꿀 필요가 있는 것이다.
— 토마스 베리·토마스 클락,『신생대를 넘어 생태대로』

헌법의 생태적 재해석

제4부는 기존 현재주의 패러다임을 넘어 장기주의로 전환하는 새로운 이행의 시작이다. 하지만 단지 기존 3부에 추가로 장기주의 기관을 설치한다고 해서 지구와 인간의 공존 체제가 완성되었다고 말하기는 어렵다. 사회 전체적 가치와 제도의 전환이란 관점에서 보면 제4부는 아주 작은 시작에 불과하다. 사회구조 전체가 단기주의적 사유의 틀로 조직된 현실에서, 제4부는 외부로부터 이질적으로 투여된 면역 주사와도 같다. 제4부에서 나아가 사회 전체의 가치와 조직 원리가 바뀔 때 신체 전체가 장기주의적 면역력을 총체적으로 가질 수 있다. 이를테면 인간만의 미합중국United States of America에서 '모든 종들의 미

합중국United Species of America'이 되려면 거대한 사회적 변혁이 필요한 법이다.

　　사회 전체의 의사 결정 기관에는 비단 제4부만이 아니라 의회, 행정부, 사법부, 기업, 교육기관 등 모든 형태의 조직이 포함된다. 이는 말하자면 존 로크 등이 패러다임 전환 차원에서 제기한 근대의 자연권 계약론을 뒤집어, 탈근대(베리 용어로는 생태대) 모든 존재의 새로운 계약론에 입각한 국가와 국제 질서 구축이라 할 수 있다.

　　헌법은 국가의 근본법으로서 공동체의 통치 원칙과 방식을 규정한다. 여기서 헌법의 영어 단어 'constitution'은 구성constitute이란 역동적 의미를 내포하기도 한다. 즉 헌법은 고정된 실체가 아니라 공동체의 합의에 따라 부단히 새로 구성되는 미래로 열린 문서다. 우리가 일차적으로 헌법에서 논의를 시작하는 이유가 여기에 있다. 따라서 우선 생명공화주의 정치질서의 헌법에 생태대로 이행하는 근거가 체계적으로 제기될 필요가 있다. 즉 서두에서 인용한 지구와 인간 존재의 상호 공존에 대한 베리의 관점이 표현되어야 한다.

　　　지구 공동체에서 모든 존재는 자신의 역할, 존엄성, 자생성을 갖고 있다.[1]

1　　토마스 베리, 『토마스 베리의 위대한 과업』, p. 17.

이미 지구적으로 혁신적 시도를 하는 국가들은 생명공화주의 정신을 법에 반영하고 있다. 에콰도르의 헌법은 생태헌정주의라는 측면에서 볼 때 가장 전위적이다. 2008년 9월 에콰도르는 국민투표를 통해 자연의 권리를 담은 놀라운 헌법을 통과시켰다. 이 헌법 71조는 다음과 같다.

> 생명이 재창조되고 존재하는 곳인 자연 또는 파차마마 Pachamama는 존재와 생명의 순환과 구조, 기능 및 진화 과정을 유지하고 재생을 존중받을 불가결한 권리를 가진다. 모든 개인과 공동체, 인민과 민족은 당국에 청원을 통해 자연의 권리를 집행할 수 있다.

이는 2010년 볼리비아 최초의 토착민 대통령인 이보 모랄레스에 의해 유사한 관점의 법으로 표현되었다.

> 서로 연관되고 상호 의존적이고 상호 보완적이며 공동의 운명을 공유하는 모든 살아 있는 시스템과 살아 있는 유기체의 불가분의 공동체로 구성되는 역동적인 생명 체계다.[2]

---

2   터커 외, 같은 책, p. 253.

에콰도르 헌법과 볼리비아의 '어머니 지구의 권리에 관한 법률'에서 기술하는 불가결한 생명의 권리를 가진 생명 체계의 정당성은 헌법재판소 등의 판결 기준으로 작용한다.

서구에서는 프랑스와 독일이 선구적으로 생태 헌법을 도입 중이다. 프랑스는 자연과 인류의 공존 원칙, 미래 세대에 대한 책임, 생명 다양성, 지속 가능한 개발 원칙 등을 헌법에 명시한다.[3] 독일은 기본법에서 자연적 생활 기반과 동물을 보호하는 것이 미래 세대를 위한 책임이라고 규정한다.[4] 2021년 4월 29일에는 독일 연방헌법재판소가 의미 있는 발걸음을 내디뎠다. 독일 연방기후보호법의 온실가스 배출량 감축 목표가 불충분하다며 환경단체 분트BUND, 미래를위한금요일, 그린피스 등이 제기한 소송에서 독일 연방헌법재판소는 원고 측 주장을 받아들여 기후변화법에 대해 헌법 불합치 결정을 내렸다. 독일 연방헌법재판소는 다음과 같이 지적한다.

독일 헌법은 현 세대가 생명의 자연적 기초를 조심스럽게 다루고 이후 세대가 그것을 보존할 수 없는 상황에 놓이지 않도록 하고 있다. […] 인간 생활의 거의 모든 측면이

---

3   오동석, 「지구법학 관점에서 한국 헌법의 해석론」, 『지구법학』, p. 138.
4   같은 글, p. 130.

온실가스 배출을 포함하기 때문에 배출량을 줄이는 것은 모든 유형의 자유에 영향을 준다. 감축 부담을 2030년 이후로 넘기는 것은 젊은 세대의 자유를 침해하는 것이다.

국제 거버넌스 차원에서도 생태대의 세계관은 다양한 방식으로 전개되고 있다. 1982년 유엔 총회에서 통과된 「세계자연헌장World Charter for Nature」은 그 전위적 성취다. 이 헌장은 "모든 형태의 생명은 하나밖에 없는 유일한 것으로, 인간에 대한 가치 여부와 상관없이 존중되고 보장되어야 하며, 인간은 도덕률의 지침에 따라 행동해야 한다"라고 밝히고 있다.[5] 이는 2002년 유엔에서 발표한 「지구헌장Earth Charter」으로 계승된다. 「지구헌장」에는 베리의 관점이 잘 녹아 있다. 이는 서문에 다음과 같이 잘 표현되어 있다.

인류는 진화하는 광대한 우주의 일부다. 우리의 집인 지구는 고유한 생명 공동체로 살아 움직인다.

한국은 남미와 유럽 대륙에 비하면 아직 헌법에서의 생태적 관점이 매우 약하다. 다만 생태대로 연결되거나 진화할 수 있는 맹아는 헌법 곳곳에 존재한다. 이미 헌법 전문에는 "우리

---

5   베리, 『우주 이야기』, p. 108.

들과 우리들의 자손의 안전과 자유와 행복을 영원히 확보할 것을 다짐"한다는 선언이 나온다. 또한 2020년 3월 청소년 19인이 청구한 기후변화 헌법 소원은 기존 헌법을 세대 간 정의 등 미래 지향적 관점에서 해석할 여지를 제기한다. 헌법 제10조의 인간의 존엄성과 기본 인권 보장은 차세대 청소년의 생명권과 행복추구권, 멸종 저항권을 시사한다. 헌법 제35조에는 건강하고 쾌적한 환경에서 생활할 권리도 규정한다. 헌법 제11조("모든 국민은 법 앞에 평등하다")는 쾌적한 환경조건을 소비해온 성년 세대와 재난적 환경조건에 직면한 청소년 세대 사이의 불평등을 해결할 근거를 제공한다. 이 조항들은 미래 세대에 대한 책임을 시사하는 것으로 해석할 수 있다.

한국 헌법에 보다 명료하게 생태대 지향성을 밝히기 위해, 체계적 지침을 제공하는 로빈 에커슬리의 녹색국가론을 참고할 수 있다. 에커슬리는 베리의 지구법 정신, 남미의 생태 헌법과 궤를 같이하는 관점을 헌법 전문의 핵심으로 강조한다. 즉 전문에 인권과 생명 다양성을 보호하고 삶을 지원하며 지구 생태계의 통합성을 유지하겠다는 의지를 밝혀야 한다는 것이다. 에커슬리는 미국 권리장전처럼 일련의 실질적이고 절차적인 권리를 다음과 같이 명시한다.[6]

---

6   Eckersley, 같은 책, pp. 243~44.

- 환경 정보권
- 위험을 발생시킬 수 있는 정책 제안들에 대한 정보권
- 환경영향평가에 참여할 권리
- 환경기준의 협상에 참여할 권리
- 환경 구제권
- 제3자 소송권
- 모든 국가 의사 결정자와 기업의 예방적 책임
- 환경의 피해를 방지하거나, 필요한 경우에 이 피해를 받은 순수한 제3자에게 보상할 책임
- 미래 세대와 비인간 주체를 대표할 공적 권위 기구
- 국경을 넘는 환경 이슈의 상호 협의와 대표성
- 연방 국가의 경우 중앙 차원의 권한과 책임

이는 미국 건국시조들의 자유주의적 권리장전과 이를 더 평등하게 확장한 프랭클린 루스벨트의 권리장전 구상에 이어 새로운 차원의 생태 권리장전이라 할 수 있다.

외교 안보적 차원에서도 헌법은 생태적 재해석의 여지를 열어둔다. 헌법은 제5조 1항에서 국제 평화와 인류 공영을 규정한다. 이 점에서 베리의 우주론은 중요한 기준이 될 수 있다. 모든 존재의 친교를 강조하는 베리의 우주론에 따라, 국가 헌법도 "국제 평화의 유지에 노력"하기 위해 국가와 국가 사이는 물론 모든 생명체 종種과 종 사이, 성性과 성 사이의 평화를 추

구할 수 있다.

지구 행성 내에서 각종의 서식지는 인위적 국경과 무관하게 형성되어 있다. 한반도의 DMZ와 접경지대는 대표적 예다. 이 공간에는 남북한 주민과 비인간 생명, 사물이 얽혀 존재한다. 생태평화공원으로 조성하는 방안처럼, 이 공간을 평화로의 전환점으로 삼으려는 시도들은 지금까지 국가 행위자들과 시민사회의 논의와 협상으로 이루어졌다. 이제 발상을 바꾸어 이 논의에 비인간 대표자들을 적극 참여시키고, 이후 이 공간의 관리 거버넌스에서도 포함시키는 대안들을 적극 논의해야 한다. 북한과의 실질적 논의가 불가능하다면 한국이 먼저 이 공간에 대한 새로운 거버넌스를 구상하고 이를 법률로 제정하는 방안도 있다. 제21대 국회에서 전해철 전 의원은 '비무장지대의 보전과 평화적 이용 지원에 관한 법률안'을 발의한 바 있다. 이 법안은 생태계의 보존과 자연환경의 지속 가능한 이용을 위한 종합 계획 및 추진 체계를 규정하도록 했다.

만약 생명공화주의 관점으로 한 발 더 나아간다면, 비무장지대의 관리 거버넌스에서 접경지대 주민은 물론이고 그 지역의 산, 바다, 동식물 등 비인간 존재들을 대표하는 수탁자trustee를 적극 포함시킬 수 있다. 우리는 이러한 수탁 거버넌스를 '접경지대 생명·평화 위원회'라고 부를 수 있을 것이다. 그리고 이 위원회는 법인격을 가지는 뉴질랜드 테우레웨라Te Urewera 국립공원 관리 위원회처럼 합의제에 기반한 의사 결정을 추진할 수 있다.

최근 한반도는 적대적 두 국가론이 단적으로 보여주듯 더욱 얼어붙고 있다. 이후 막연하게 평화적 돌파구가 열리기를 기다리기보다는, 한국이 먼저 냉전의 잔재를 평화의 상징으로 전환하는 시도를 적극 전개하면 어떨까. 다만 기존의 근대적 자유민주주의가 우월하다고 과시하는 방식이 아니라, 진영 대립을 넘어서는 새로운 차원의 생태적 세계관으로 뒷받침하는 것이다. 즉 DMZ 자체를 법인격으로 간주하는 접근은 자본주의 대 사회주의 진영 냉전 대결의 전선이 아니라, 각 진영에서 해결 방식으로 강조하는 시장주의(접경지대 토지 소유자의 권리 복원) 대 국유화(토지의 국가 수용)의 근대적 대립을 넘어서는 '미래력'을 가진 시공간의 의미를 지닌다. 한국에서의 새로운 실험이 축적되고 이후 국제 여론이 형성되면서 시기가 무르익는다면 '남북 기본 합의서'도 새로 진화할 수 있다.[7]

우리는 역설적이게도 냉전 질서의 유지 기제인 DMZ를 탈냉전의 상징이자, 생태대로 이행하는 미래 공간으로 상상할 수 있다. 그렇다면 이는 접경지대는 물론 한반도와 세계에 새로운 전환점을 만들어낼 수 있다. 이제 평화와 외교 안보는 생명과 결합해 발전해야 한다. 그래서 코스타노 콘스탄티노는 자연과의 조화를 추구하고 생명을 보존하는 초국가적 외교 패러

---

7   보셀만, 같은 글, p. 134.

다임으로 '생명 외교biodiplomacy'라는 새로운 단어를 통해 우리의 상상을 개방시키기도 한다.[8]

추후 벌어질지 모를 기후 파국을 대비해 생각해보아야 할 것은, 헌법에 비상사태와 같은 예외적 상황을 규정하는 문제다. 기후 파국이 도래했는데도 이에 대해 헌법이 공백으로 남겨져 있거나, 반대로 기후 파국이 아직 도래하지 않았는데도 행정부가 이를 비상사태로 규정하여 시민의 법률적 권리를 제한하려 하는 경우, 시민권의 수호와 비상사태의 대응이라는 딜레마 속에서 대혼란이 벌어질 수 있기 때문이다. 이미 미국 뉴올리언스주 카트리나 재난이나 코로나19 유행병 당시 우리는 곳곳에서 시민권이 위협받는 현실을 경험했으며, 앞으로 지금까지와는 차원이 다른 비상사태가 도래할 가능성이 높다고 점쳐진다. 마크 코켈버그는 『그린 리바이어던』에서 현기증 나게 발전하는 AI가 기후위기의 기술적 해결책을 만들 수도, 반대로 권위주의적 해결책의 유혹을 불러들일 수도 있다고 지적한다.[9] 갑자기 맞이한 붕괴 상황에서 불안과 공포에 빠진 시민과 정치인은 권위주의적 유혹에 빠질 수도 있다.

우리는 브루스 애커먼의 문제의식에서 하나의 시사점을 얻을 수 있을지 모른다. 애커먼은 테러와 같은 비상사태에 한

---

8 코스타노 콘스탄티노, 「바이오크라시Biocracy에서 생명 외교Biodiplomacy까지」, 『생태대를 위한 PLZ 포럼 2020 자료집』, 2020, p. 142.

9 마크 코켈버그, 『그린 리바이어던』, 김동환·최영호 옮김, 씨아이알, 2023, p. 104.

해 발효되는 비상 헌법을 규정해 위기에 대응하는 특별 조치를 허용하되, 그럼에도 불구하고 시민의 권리가 영구적으로 침해되지 않게 하는 균형을 제기한 바 있다.[10] 예를 들어, 그는 비상 기간에 대한 대통령의 일방주의적 결정을 특히 경계한다. 따라서 비상 기간을 규정하고 연장하는 등의 사안에서 의회 절대다수의 승인을 얻도록 하여 의회의 엄격한 권한을 강화하고, 각종 시민권 침해 가능성이 있는 조치들에 대한 법원의 견제와 감독 또한 강화할 것을 제안한다.[11]

앞으로 더 중대한 대규모 기후 파국이 발생할 가능성이 높은 만큼 비상 헌법은 새로 고민될 필요가 있다. 단, 헌법상의 문구만이 아니라 제4부의 축적된 경험을 통해 의회와 시민사회 모두 기후 파국의 비상사태에 지혜롭게 대처할 수 있는 역량을 형성할 수 있다.

미래심의관과 지구법 판사 — 행정부와 사법부

생명공화주의로 이행할 헌법적 근거가 충분히 마련되었다면, 행정부의 전환은 의회의 전환만큼이나 중요한 이슈다. 특히

---

10   Bruce Ackerman, *Before the Next Attack*, Yale University Press, 2006.

11   같은 책, pp. 4~5.

대통령제에서 행정부는 1인 행정부 수반에 모든 정치적 관심을 집중시키고, 의회를 우회해 다양한 조치를 신속하게 실행에 옮길 수 있는 기관이다. 물론 행정부의 결정 또한 일차적으로 의회처럼 정권 유지 등의 목적에 종속되므로, 단기적 경기 부양이나 단기주의 유권자에게 어필하는 정책 위주로 움직일 수밖에 없다. 즉 행정부는 의회와 동일한 작동 법칙에 따라 움직이고, 동일한 구조적 제약을 받는다.

이렇듯 단기주의를 우선적으로 의식할 수밖에 없는 현 행정부의 가장 바람직한 대안은, 미국의 백악관 국가경제위원회가 일련의 경제정책을 조율하듯 미래심의회의 등의 위원회를 신설하고 장기주의적 관점에서 행정부의 방향을 조정해나가는 것이다. 이 위원회가 미국의 백악관 예산관리국이나 한국의 기획재정부보다 더 강력한 힘을 가진다면 단기주의를 견제할 수 있다. 한국에서는 기후에 대한 시야와 장기주의적 관점을 가진 리더가 국무조정실에서 유사한 기능을 수행할 수 있다. 미국의 경우, 미래심의회의와 긴밀하게 활동할 수 있는 기관은 백악관 정보규제국Office of Information and Regulatory Affairs이다. 연방 차원의 규제를 총괄하는 이 부서는 생태적 방향으로의 전환을 촉진하는 주요한 도구가 될 수 있다. 예를 들어, 기후법 전문가로서 2023년 1월에 임명된 리처드 레베즈Richard Revesz는 규제가 단지 기존 산업만이 아니라 미래 세대에게 미치는 영향까지 고려한 산식을 만들어 연방 규제의 패러다임을 바꾸고 있다.[12]

종합적 조율 기능을 가지는 위원회를 신설하는 동시에 예산실, 환경부, 교통건설부, 외교부, 행정안전부 등 행정부 각 주요 부처에도 미래심의관을 배치할 수 있다. 이들은 위원회와 협력하여 각 부처 장관들이 장기주의적 관점에서 단기적 업무를 수행하도록 보좌한다. 위원회까지는 신설하지 못한다 하더라도 행정부에는 자신들의 정책 어젠다를 모니터링하고 자문 기능을 수행할 수 있는 산하 싱크탱크, 한국의 경우 국무총리실이 있다. 이들이 제4부나 의회와 협력한다면, 장기주의 정책을 강하게 추동해나갈 수 있다.

의회와 행정부가 장기주의적 시야를 가지고 어젠다를 이끌어도 최종 심급으로서 법원이 단기주의 관점을 고수해 위헌 판결을 내린다면 제4부는 무력화된다. 미국 대법원이나 한국 헌법재판소는 최종 심급으로서 헌법에 담긴 공화주의의 열린 재해석을 통해 장기주의적 헌법 해석과 전환적 판결을 주도할 수 있는 기관이다. 이를 위해서는 비인간 생명체의 법인격을 인정하는 지구법적 시야를 가진 재판관을 대통령이 임명하여 헌법재판소와 대법원에도 장기주의 시각이 다양성의 일환으로 보장되도록 의회와 외부 지성계 등 시민사회가 압력을 가해야 한다. 이를 위해 로스쿨 커리큘럼에 다양성을 확보하고, 교수진

---

12   Coral Davenport, "You've Never Heard of Him, but He's Remaking the Pollution Fight," *New York Times* 2023. 5. 28.

또한 지구법적 시각을 갖출 수 있도록 제도를 보완할 필요가 있다. 그런 점에서 '지구와사람'이 변호사들을 대상으로 지구법 강의를 매년 개설해온 것은 고무적이다. 보다 많은 정규 교육 기관이 이러한 시각의 교수진을 채용하고 이를 통해 지구법에 능통한 판사들을 배출한다면 판결에서 다양성을 보장할 수 있다. 법관인사위원회가 판사 임용 대상자의 평가 기준으로 기존 전문 분야만이 아니라 지구법적 시각을 반영함으로써, 훨씬 더 다양한 법관들이 배출될 수 있다. 이렇게 배출되는 판사들이 '지구법 판사 회의'와 같은 조직들을 설립하여 지구법 판례를 분석하고 인재를 체계적으로 성장시키며 대법원에도 진출하도록 노력한다면, 사법 영역의 분위기는 중·장기적으로 매우 바뀔 것이다. 미국의 보수주의 조직인 '페더럴리스트 소사이어티 Federalist Society'는 중·장기적으로 보수 이념에 투철한 판사들을 임명하고 성장시키는 성과를 거두었는데, 생태 사회로의 전환에서도 이러한 조직의 역할이 중요하다.

　이상적으로는 대법원이나 헌법재판소과 같은 최종 심급 외에도, 노동법원과 같은 형태로 미래법원을 설치해 장기적 함의가 큰 미래 이슈를 전문 법관들이 다룰 필요가 있다. 미래법원은 세대 간 정의의 이슈와 비인간 존재와의 공존 이슈를 보다 전문성을 가지고 다룰 수 있다.

　생태적 헌정주의로 첫발을 내디디려면 대통령의 의지도 매우 중요하다. 대통령이 대법관이나 헌법재판관을 임명할 때 지구법적 시각을 중요한 기준으로 삼겠다고 천명하는 것만으로도 전환점이 될 수 있다. 오늘날 미국이나 한국의 대법원, 헌법재판소에 윌리엄 O. 더글러스 대법관과 같은 선각자가 단 한 명이라도 있다면 생명공화주의 질서로의 획기적 진전을 이룰 것이다. 놀랍게도 그는 1972년 대법관으로 재직하면서 자연이 스스로를 변호할 자격을 부여하는 획기적 이정표를 만들어냈다. 미네랄킹 계곡에 디즈니사가 스키 리조트를 건설하려는 계획에 대해 당시 그는 지구법의 시각에서 다음과 같은 반대 의견을 남겼다.

> 자연의 생태적 균형을 보호하고자 하는 현시대의 대중적인 관심은 자연물로 하여금 그들 스스로의 보호를 위해 소송을 제기할 수 있도록 이들에게 당사자 자격을 인정하는 방향으로 이어져야 한다. 따라서 이 소송은 미네랄킹 대 머튼 사건이라고 하는 것이 더 적당할 것이다.[13]

---

13   이유진, 「"자연파괴 이제 그만하라 1"」, 『오마이뉴스』 2003. 10. 20. (https://www.ohmynews.com/NWS_Web/View/at_pg.aspx?CNTN_CD=A0000149470.)

이해관계자 모델은 가능할까 — 기업과 대학

생명공화주의로의 진전에서 또 하나 중요한 영역은 기업이다. 기업 국가라고 불릴 만큼 현대 자본주의사회에서 기업이 가지는 헤게모니는 막강하다. 만약 새로운 계약론의 생태 헌법이 가능하다면, 이에 근거하여 기업의 거버넌스 구조 개혁을 시도할 수 있다. 이 점에서 미국 자유주의 좌파 이념의 전환적 정치인이라 할 수 있는 엘리자베스 워런 상원 의원의 개혁안은 생태대로의 이행 어젠다에 시사하는 바가 크다. 워런은 주주 이익 극대화라는 미국의 단기주의 패러다임을 지속 가능성으로 전환하기 위해 이해관계자 경영을 법적으로 제도화하고자 한다. 이를 위해 워런은 미국 안팎에서 10억 달러 이상의 수익을 얻는 대기업의 경우 미국 연방 정부로부터 면허증Federal charter을 받아야 영업할 수 있도록 하자고 제안한다. 시장주의 담론이 강한 미국에서 기업들의 큰 반발을 불러일으킬 워런의 급진적 구상은, 실현된다면 미국 기업들을 이해관계자 자본주의 모델로 전환시킬 획기적 발상이다. 특히 장기주의 관점에서 미래 세대와 비인간 생명체의 수탁자인 전문가 평가가 하나의 기준으로 작용할 때 워런의 면허증 제도는 획기적 전환을 이룰 수 있다. 이때 면허증 발급의 주요 기준 중 하나로 미래 생태 영향 평가를 두어, 경영자가 자신의 의사 결정이 직원들과 지역공동체, 환경 등에 영향을 미치는 정도를 모니터링하며 영업

면허를 유지하도록 주의하게 한다.

공공성을 지향하는 사회민주주의적 성격이 미국보다 훨씬 더 강한 한국의 헌법은 126조에서 "국민경제상 긴절한 필요"라는 예외적 상황을 가정하고 있다. 물론 예외적 상황이 아니라면 "사영 기업을 국유 또는 공유로 이전하거나 그 경영을 통제 또는 관리할 수 없다"라고 규정하지만, 오동석의 지적처럼 이 규정은 역으로 예외적 상황이 발생할 경우에 한해 가능하다고 해석될 여지를 둔다.[14]

앞서 언급된 거버넌스 개혁에 조응하여, 이사회에 이해관계자의 일원인 노동자가 노동 이사로 참여하는 개혁안처럼 미래 이사 제도를 두는 것 또한 고려해봄 직하다. 즉 태어나지 않은 인간과 비인간의 이익을 대표해 목소리를 내는 이사를 1인 이상 의무적으로 임명하는 규정을 만드는 것이다. 이때 사외 이사 중에도 최소 1인은 장기주의 관점에서 기업의 활동을 감시하고 견제해야 한다.

파타고니아 회장 이본 쉬나드는 이와 관련해 모범을 보여 준다. 제도적 강제가 없는데도 그는 선구적 생태철학에 근거해 지구와 인간이 공존하는 생태대 정신의 기업을 선도하고 있다. 새로운 자본주의를 주창하는 그는 자신과 가족들의 재산을 비영리 재단에 전액 기부하여 세상을 또 한 번 놀라게 했다. 쉬나

---

14   오동석, 같은 글, p. 141.

드의 이러한 급진적 조치는 그가 철저한 공존 철학을 지켰기에 가능했을 것이다.

거버넌스 개혁 측면에서는 영국 리버심플 기업 이사회가 장기주의 실험을 선구적으로 실시한 바 있다. 이 기업은 법적으로 여섯 이해관계자 대표의 결합으로 이루어진다. 이는 고객, 직원, 투자자, 사업 파트너, 이웃 그리고 놀랍게도 지구 행성이다. 이 여섯 이해관계자가 집단적으로 기업 이사회를 선출한다. 녹색전환연구소 부소장 지현영에 따르면, 영국 화장품 회사 '페이스인네이처'는 사외 이사로 자연 대표nature guardian를 종종 임명하여 이사회의 의사 결정에 참여하게 한다. 자연 대표가 이사회의 결정에 이의를 제기할 경우, 이사회는 이에 답변할 의무가 있다. 또한 회계연도마다 자연 대표가 만족할 만한 네이처 보고서를 작성해 회람해야 한다. 페이스인네이처와 리버심플의 사례는 기업들의 거버넌스 가이드라인으로서 하나의 가능성을 열어 보인다.[15]

미래 이사 제도는 교육법을 개정해 각급 학교의 이사회에도 동일하게 관철할 수 있다. 하버드 대학교 등 미국의 일부 고등교육기관은 이사회에 하나의 위원회로서 학생들을 배치하기도 한다. 이는 미래 세대의 의견을 적극 수렴하기 위한 조치다.

---

15 지현영, 「기업경영과 네이처 포시티브」, 『자연을 위한 법적 담론 자료집』, 서울대학교 법학연구소·지구법학회 공동 학술대회, 2024, pp. 15~18.

더 전향적으로 이사진 일부를 장기주의적 시야와 전문성을 갖춘 수탁자로 구성하고, 임명된 이는 정기적으로 장기주의 모니터링 보고서를 제출하게 한다. 거버넌스 개혁과 생태적 이사회 경영을 통해 교육기관은 생태대로 이행하는 데 중추적 역할을 수행할 수 있다. 토마스 베리는 대학이 우주 속에서 인간의 역할과 다른 존재들과의 친교를 강조한 바 있다.

> 우주는 인간의 대학을 통해 인간의 지성을 투영하고 인간 공동체와 소통한다. 우주는 대학의 기원이자 통일적 전거다.[16]

대학에는 이제 기술대가 아니라 생태대에 걸맞은 우주론, 지구 공동체론을 가르치는 지구 행성 시민교육기관으로서의 역할이 부여된다. 물론 이는 대학을 비롯해 모든 과정의 교육기관에 해당한다. 교과과정에 환경과 생태 교양과목을 확충하거나 생태 시민교육을 시행하는 차원 이상으로, 생태대 전문가들이 참여해 근본적 전환을 만들어낼 수 있어야 한다. 각종 대학 평가 기관들이 현재의 모호한 지속 가능성 지표를 보다 지구법 정신에 조응하는 평가 지표로 교체한다면, 전 세계 고등교육계의 변화를 추동할 수 있을 것이다. 이미 『타임스』지가

---

16   베리, 『토마스 베리의 위대한 과업』, p. 116.

지속 가능한 발전 지표를 세계 대학 평가에 도입하면서, 좋은 평가를 받기 위한 각 대학의 노력을 촉진한 바 있다. 한국의 대학들 또한 이 지표가 도입된 이후 지속 가능한 발전을 의식하는 경향을 보이고 있다. 이 같은 생태적 이사회 거버넌스 발상과 평가 지표의 혁신은 NGO를 비롯한 시민사회 전반에도 적용될 수 있다.

여기서 간과해서는 안 되는 점은, 정치 디자인의 제도적 배열보다 이를 굳건히 유지할 시민 문화가 더 중요하다는 사실을 미국 건국시조들이 간파했다는 것이다. 물론 미래심의부가 시민들의 광범위한 공감대를 얻어 개헌에 성공한다 하더라도, 현재 민주주의의 위기를 쉽게 해결하기는 힘들다. 파리드 자카리아는 미국이 레드 스테이트(전통적 공화당 지지 주)는 사우디아라비아에, 블루 스테이트(전통적 민주당 지지 주)는 북유럽에 가까운 두 개의 나라가 되었다고 개탄한다. 사우디아라비아와 북유럽의 미래심의부는 낙태 이슈에서 만족할 만한 심의 결과를 만들어낼 수 있을까? 결코 쉽지 않다. 제도 만능주의를 벗어나 부단히, 장기적으로 시민사회에서 공통의 가치 기반을 축적하는 것이 더 중요하다. 결국 정치인과 정당은 시민사회의 수준만큼 활동하고 발전하기 때문이다.

생태 시민 덕성은 인간 중심의 애국주의나 세계시민주의를 넘어선 새로운 공동체 감수성을 만들어낼 수 있다. 앞서 생명공화주의의 지적 기반으로 주목한 마사 누스바움 등의 학자들은 민주공화국의 삶의 양식에 대한 사랑과 헌신에 기반하고 세계 공동체와 공존을 추구하는 공화주의적 애국주의를 대안으로 주장해왔다. 이는 고향에 단순한 애착을 가지는 애향주의나 국가주의보다 더 민주적이고 인간다운 공동체를 지향한다. 하지만 여기서 말하는 공동체는 어디까지나 인간 중심의 공동체다. 이제 더 나은 시민성은 인간과 인간, 인간과 비인간, 인간과 지구 행성의 공존을 지향해야 한다. 누스바움의 동물의 권리로 자유 개념의 확장을 고려한다면, 이제 누스바움도 인간 중심의 공화주의적 애국주의에서 한 걸음 더 나아가 생명공화주의적 애국주의에 관한 책을 새로 집필해야 할지 모른다.

그러나 생태대로 이행하기 위한 제도를 갖추어도, 생태적 세계관이 마음의 습속이 되고 매력적인 삶의 방식이 되지 않고서는 기존 민주주의의 지평 너머를 보기 힘들다. 생태적 공유 공간과 시민교육, 교육기관의 전면적 재편 등은 생명공화주의 정치질서로의 전환 및 지속 가능한 마음의 에너지를 만들어낸다. 1989년 동유럽의 사회주의 정권을 몰락시킨 가장 큰 요인은 비무장 대중 저항이 장기 집권한 사회주의 정권을 무너뜨릴 수 있다는 대중적 믿음이 확산된 것에 있다. 철권통치조차 시민들의 믿음 앞에서 비폭력에도 붕괴했던 것이다. 기후위기의 대안이 생명공화주의 정치질서라는 대중적으로 공유된 믿음이 형성되면 실질적 제도화도 가능해질 것이다.

앞에서 언급한 사회적 전환들이 포괄적으로 이루어진다면

생명공화주의로의 중요한 진전이 이루어질 수 있다. 다만 모든 종이 함께 공존하는 국내외 정치질서의 총체적 상을 지금 구체적으로 이야기하기는 어렵다. 마치 민주주의와 공화주의가 궁극적으로 완성된 목표가 아니라 부단히 지향해나가야 하는 과정이듯이 생명공화주의도 그러하다. 그리고 그 과정은 전혀 예상하지 못한 사건과 상황을 겪고 다양한 공화주의자들의 구상들이 실험되면서 예상하지 못한 형태로 진화해갈 가능성이 높다. 마치 시스템 이론에서 창발이란 개념이 그러하듯, 일정한 에너지가 축적되면 이후 질적으로 새로운 차원의 형태가 역동적으로 출현할 것이다.

동심원을 그리며 — 생명공화주의 블록 만들기

혼돈의 시절에는 정책의 창policy window이 열린다. 어떤 시기에는 정치 과정에서 기적 같은 정치적 사건들이 변화를 촉발하고, 반대로 어떤 시기에는 혁신이 무시된다. 무엇이 새로운 아이디어에 대한 수요를 설명하는가? 예를 들어, 경제정책을 결정할 때에는 세 가지 요소가 중요하다. 전쟁이나 경제위기 같은 외부 충격, 인구 변화, 경제정책 실패는 정치 지도자가 새로운 정책을 검토할 유인이 된다. 검토는 근본적으로 현재의 정책이나 정치제도 혹은 둘 다 실패했다는 인식에서 출발한다.

이 시기에는 정치적 공간과 시간적 창window of time이 만들어지고, 혁신적 정치가들은 탐색을 통해 새로운 정책 처방을 추구한다.[17]

하지만 어떤 정책 아이디어가 성공하기 위해서는 먼저 정치사회적 요구가 있어야 한다. 예를 들어, 기후위기에 대한 관심은 미국 내 리버럴 진영에서 날로 증가하고 있다. 민주당 예비 경선에 참여하는 유권자들에게 기후위기는 관심도 상위 어젠다로, 이는 전례 없는 상황이다. 2016년 제이 인즐리 워싱턴 주지사처럼 기후위기라는 한 가지 이슈만을 선거운동의 주제로 삼아 출마한 민주당 경선 후보도 있었다. 기후위기 해결을 공약으로 내건 활동가 메리앤 윌리엄슨의 2020년, 2024년 민주당 내 경선 도전도 주목할 만하다. 무엇보다 2017년 결성된 미국의 청년 기후 운동 단체 선라이즈 무브먼트Sunrise Movement가 영향력을 키워나가는 가운데 오카시오-코르테즈를 비롯한 좌파 정치인들이 민주당 내 기후 정치의 선두 주자로 부상했다.

그렇다 해도 아직까지 미국의 주류 영역에서 정치사회적 어젠다를 논하면서 새로운 상상력을 제시하는 지적·정치적 움직임은 매우 미약하다. 앞서 살펴본 것처럼 학계와 정치계의 백가쟁명 구상들은 미국 대통령제 개혁, 혹은 낡은 선거인단제

---

17   안병진·임채원, 「민주주의론은 기후위기를 극복할 수 있는가?」, 『생태대를 위한 PLZ 포럼 2019 자료집』, 2019, pp. 31~57.

나 금권선거 개혁 등이 주메뉴다. 이는 건국시조 시절부터 당연시해온 정치 모델들을 근본적으로 문제 삼는 지적·정치적 운동들이 극히 미약하거나, 혁신을 두려워하는 각종 견제와 균형의 현상 유지 장치가 촘촘하고, 대담한 개혁을 막는 장벽이 너무나 높기 때문이다. 현상 유지 관성을 띠는 헌법적 제약 속에서 새로운 상상력은 봉쇄된다. 혹여 아래로부터의 운동과 제3당 운동이 진행되더라도, 위기감을 느낀 주류 양당이 반응해 이를 기존 담론에 포섭한다. 월가 점령 시위는 버니 샌더스의 제도권 내 민주당 경선 참여로 수렴되었고 바이든 중도주의는 그들의 어젠다 일부를 대선 이후 국정 운영에 녹였다. 1992년 폭발적 힘을 보였던 로스 페로의 개혁당 어젠다는 대선 이후 민주당으로 수렴되고 로스 페로는 잊혔다.

미국과 비교하면 한국은 이중적이다. 한국은 기존 제도의 엉성한 틈새에서 주로 시민사회 지형이 가지는 소용돌이의 에너지로 움직인다. 예를 들어, 한국의 '촛불 혁명'은 마치 불가능을 요구하라고 외친 68혁명을 연상하게 한다. 68혁명은 근대 초기의 패러다임을 넘어 개인의 존엄, 소수자의 자기표현, 인권, 환경 등 탈물질주의의 새로운 가치에 기반한 논의를 백가쟁명처럼 불러일으킨 바 있다. 촛불 혁명은 한국 정치에 새로운 상상력과 이야기의 풍부한 토대를 제공한다.

비록 혁명이란 표현을 사용했지만, '촛불 혁명'은 기존 헌정 질서 내 운동의 성격을 띤다. 2016년 시작된 '촛불 혁명'의

헌정주의 운동은 문재인 행정부가 탄생하면서 종료된 것처럼 보인다. 하지만 촛불 혁명이 지금부터 새로운 헌정체제를 구성하는 첫발이 될 수 있다는 점에서 이를 진행형 혁명으로 볼 수도 있다. 이러한 아래로부터의 역동적 에너지를 일컬어 애커먼은 민중헌정주의people constitutionalism라고 부른다.[18] 1987년 시민항쟁 이후 30년이 그러했듯, 촛불 혁명 이후 30년간 새로운 정치질서 구성 과정을 이어가면서 한국에는 한국 대통령제의 원형인 미국의 세계관과 민주주의 모델 너머로 새로운 상상력을 실험할 기회가 열렸다. 우선 중요한 것은, 이 기회 구조를 인식하고 선거법 개정이나 제왕적 대통령제 개혁 등의 익숙한 어젠다를 넘어서는 새로운 서사와 정책 구상의 실현 가능성을 높일 체계적 아이디어다.

새로운 정치질서를 구축하기 위해서는 열린 공화주의 블록이 전략적 그룹으로서 학계, 의회, 행정부, 정당, 법조계, 기업계, 시민사회 등에 폭넓게 형성되는 것이 중요하다. 데이비드 플롯케는 1930년대 뉴딜이라는 새로운 정치질서의 형성 과정에서 정치 블록의 중요성을 이론화한 바 있다. 그는 이 뉴딜 블록을 진보적 자유주의 제도들progressive liberal institutions이라 부른다. 이 제도적 배열에는 연방 정부와 주·지방 정부의 새 행위자들, 새롭고 혁신적인 전문 조직 및 학회가 포함된다. 블록 내

---

18   Ackerman, 같은 책.

부를 보다 자세히 살펴보면, 와그너법(전국 노동관계법으로서 노동자의 단결권과 단체교섭권을 보장한다)으로 유명한 로버트 F. 와그너 상원 의원과 경제학자 앨빈 H. 한센 등 수백 명의 코어 엘리트가 동심원의 중심축을 이룬다. 이 코어 엘리트의 바깥에서 행정부 각 부처와 상·하원 등을 포함해 수천 명의 진보적 자유주의 리더십이 코어를 떠받친다. 동심원의 가장 바깥에는 코어 엘리트와 진보적 자유주의 리더십의 토대로 작용하는 활동가와 열정적 지지자층이 민주적 정치 블록으로 구성된다. 이 블록은 의회 내 보수파인 남부 민주당이나 북부 도시의 전통적 민주당 조직들, 서부의 온건 공화당 분파, 시민사회의 비정치적 리더들과 연합을 유연하게 형성한다. 진보적 자유주의자들의 블록은 자신들이 무엇을 추구하는지에 대한 긍정적 상을 가지고 있다고 플롯케는 지적한다. 하지만 더 중요하게는, 블록을 형성하는 과정에서 확장적 대화와 초기 시도에 대한 반성을 통해 그들의 목표가 더 명료하게 정의되고 확장되었다는 점을 강조한다.[19]

　플롯케에 따르면, 흔히 프랭클린 루스벨트 개인의 리더십에 초점이 맞춰져 이해되어온 뉴딜이 실제로는 연방 정부와 주·지방 정부 및 상·하원 의회, 시민사회에 걸쳐 매우 폭넓고 유연한 정치 연합이 형성되는 과정에서 비로소 가능했다. 생태

19　Plotke, 같은 책, pp. 109~13.

공화주의 블록 또한 단단하면서도 폭넓은 정치 세력의 형성 과정이 필수적이다. 물론 공화주의에 철저하게 헌신하는 코어 엘리트가 부재한 한국 정치 지형에서 이는 지난해 보인다. 하지만 재정 지출 확대 정책인 뉴딜 또한 균형 재정 신조를 신줏단지처럼 떠받들던 뉴딜 이전 경제 패러다임에서 보면 매우 기이한 개념이었다. 루스벨트조차 임기 초반에는 관성적으로 균형 재정 관점으로 회귀했을 정도다.

새로운 생명공화주의 정치질서가 단단히 형성되기 위한 전제 조건은 어느 개인이 아니라 코어 엘리트, 생명공화주의 리더십, 생명공화주의 정치 블록이라는 폭넓은 정치 연합이 공통의 가치와 헌신하고자 하는 어젠다를 중심으로 발전되어 나아가는 것이다. 뉴딜 정치 블록에 공통의 목표가 있었듯, 향후 생명공화주의 블록의 중·장기 목표는 베리의 '생태대'로도 표현될 수 있다. 새롭게 만들고자 하는 대안적 질서의 전체 상이 있을 때 비로소 정치 블록은 더 단단하게 결집할 수 있다. 다만 생명의 관점은커녕 헌법에 명시된 공화주의 관점조차 희박한 한국 정치의 현실에서 정치 블록은 폭넓은 자유주의적 공화주의의 과제를 떠맡아 안으면서도 이를 생명공화주의 관점과 생태대 지향으로 더 상승시켜나가는 연속적인 이중의 과제를 가진다.

공화주의의 과제는 기존 자유주의적 가치와 어젠다를 보다 공화주의적으로 더욱 성숙시켜나가는 것이다. 개인의 권리 등 자유주의적 감수성을 넘어 다원적 동등성이나 각 개인의 자유로운 잠재성 확장, 공동체에 대한 책임이라는 공화주의적 가치에 근거해 정치경제적 어젠다를 형성해나가는 일이다. 각 개인이 기후위기 등 공적 영역에서 수행한 의미 있는 활동과 책임에 따라 소득을 부여하는 참여 소득, 사법 체계에서의 시민 배심원제 강화, 시민의회 등은 훌륭한 자유주의적 공화주의 어젠다이다. 한편 생명공화주의 과제는 공화주의 영역을 인간 중심으로 한정하지 않고, 인간과 비인간의 공존이라는 새로운 차원에서 대표성의 확장을 추구하는 일이다. 제4부, 기업 이사회 개편 등이 그 핵심 어젠다이다.

두 과제는 선후가 있는 단계적 과제가 아니라 함께 부단히 추구해야 하는 연속적 과제다. 자유주의적 공화주의의 실현만을 추구한다면 오늘날 급박하게 닥쳐오는 미래의 파괴를 막을 길이 없다. 자유주의는 결국 인간 중심적 민주주의와 다름없기 때문이다. 다른 한편으로 자유주의적 공화주의 기반 없이 생태적 과제를 추구한다면 이는 공허한 메아리가 되거나 혹은 생태 파시즘에 활용될 수 있다. 견제와 균형, 개인의 권리, 적법한 절차, 헌정주의적 통치 등의 자유주의적 공화주의 어젠다는 보다 민주적인 과정에서 한 단계 높은 생명공화주의로 나아갈 수 있게 한다.

두 과제 모두 특정 진영의 어젠다가 아니다. 그리고 다양한 진영의 공통 지대로서 넓은 공화주의 블록의 형성만이 좋은 정당 질서의 토대가 된다. 아무리 좋은 선거법과 정당의 제도적 구조를 만들어도 결국 중요한 것은 누가 정당에 진입하느냐다. 폭넓은 정치 블록 내에서 새로운 가치를 내면화한 이들이 정당에 유입될 때, 의회와 행정부 등 정치 과정에서 새로운 질서를 만들어낼 수 있다.

정당들은 서로 건강하게 경쟁하면서도, 공화주의적 행위자들의 자유주의적 가치와 생태적 덕성의 단단한 기반 위에서 이념적 경계를 넘나들며 생태대를 향한 새로운 공통 가치를 함께 일궈낼 필요가 있다. 대니얼 지블랫은 민주주의를 위해서는 오랜 전통의 굳건하고 조직화되며 실용적인 보수 정당이 필요하다고 지적한다.[20] 이 같은 합리적 보수의 부활이 사회에 긴요하다. 미국에서 환경주의를 선도했던 시어도어 루스벨트의 환경보수주의는 오늘날 보수적 생명공화주의로 발전적으로 재구성될 만한 가치가 있다. 이 발전적 재구성은 단순한 절충이 아니라 갈등적 합의의 과정이다. 진보주의자가 선도하고 보수주의자가 반영하는 관계는 공화의 범위 등에서 긴장을 내포한다. 보수적 공화주의는 공동체의 합의와 시민 덕성을 더 강조하고 진보적 공화주의는 외부로의 열림과 보이지 않는 존재들의 참여를 더 중시한다.

---

20   Daniel Ziblatt, *Conservative Parties and the Birth of Democracy*, Cambridge
      University Press, 2017, p. xii.

하지만 보다 일차적으로는 미래 전환을 선도하는 기질의 자유주의와 좌파를 새로 복원하는 일이 우선이다. 엘리 자레츠키가 뉴딜 혁명의 예를 들어 설명하듯, 보수는 주로 반응하고 진보는 주로 선도하는 속성을 지니기 때문이다.[21] 새로 복원된 좌파는 근대 자유주의, 기존 좌파의 이념적 잔재와 결별하고 미래로의 틈새를 만들어가는 세력일 것이다. 이들은 자유주의에 무관심했던 기존 좌파와 달리 자유주의적 공화주의를 더 촉진하면서 나아가 생태대로의 전환을 추구하는 세력이라 할 수 있다. 이들에게는 환경진보주의자였던 프랭클린 루스벨트의 비전을 21세기에 조응하는 생명공화주의로 성숙시키는 과제가 주어진다.

다만 퇴행적 정치 현실에 비해 지극히 이상적으로 들리는 생명공화주의 담론이 지나치게 계몽적이고 규범적인 방식으로 제기되는 데는 주의할 필요가 있다. 냉전 종식 후 '지구화 시대'에 미국 자유주의자들은 백인 노동자 계급이 자신들의 삶을 해체하는 지구화에 분노하며 저항하는 것에 대해 경시하고 거부감을 나타내며 이성주의적으로 담론을 구성하려 했다. 저항에 대한 자유주의자들의 전형적 반응은 "그들은 패배했을 뿐만 아니라 비이성적이다. 슬프도다, 패배한 자들이여!"라는 문장으로 요약된다.[22]

---

21   Eli Zaretsky, *Why America Needs a Left*, Polity, 2012.

역사의 종말이라는 환상에 취해 있던 이들은 2016년 트럼 피즘이라는 권위주의적 포퓰리즘의 반격에 충격적으로 패배 했다. 토머스 프리드먼을 비롯해 말만 앞선 세계화의 전도사들 과 달리, 실제 정치질서의 지속적인 전환을 만들어낸 자유주의 자였던 프랭클린 루스벨트나 보수주의자 시어도어 루스벨트 는 언제나 기득권과 투쟁하고 민중의 삶을 보호한다는 목적에 서 보통 사람들의 감정과 정서에 기반한 포퓰리즘 담론을 펼 쳤다. 이들의 사례는 생명공화주의 블록을 형성하는 데도 동일 하게 적용할 수 있다. 포퓰리즘과 결합하지 않은 생명공화주 의 블록은 단지 지식인 클럽일 뿐, 운동의 강한 동력을 아래로 부터 결코 얻을 수 없다. 제4부의 제안 또한 기득권 정치에 대 한 강력한 포퓰리즘적 분노의 계기와 결합할 때 이륙 가능하 다. 지금 사회의 가장 긴급한 과제는 단단한 코어 그룹의 형성 에 이어 생명공화주의와 포퓰리즘을 결합시키는 전략과 주체 의 형성이다.

한국 사회는 정치질서가 다시 유동화할 가능성이 높다. 기 존 정치질서 전반에 대한 회의감은 정치 세력을 재편하는 계기 가 되기 때문이다. 유동화 국면에서 시민들의 광범위한 포퓰리 즘 운동, 새로운 가치와 삶을 향한 전환의 열망을 생명공화주

---

22   브뤼노 라투르, 『지구와 충돌하지 않고 착륙하는 방법』, 박범순 옮김, 이음, 2021, p. 34.

의 운동은 적절히 포착하고, 생명공화주의 정치 어젠다들과 부단히 결합할 필요가 있다.

오늘날 기득권과 싸우는 진보주의 포퓰리즘은 생명공화주의와 결합된 포퓰리즘이어야 한다. 비유하자면, 프랭클린(진보)이 선도하고 시어도어(보수)가 반응하는 경쟁적 협력 관계가 새로운 정치질서를 만들어낸다. 지금 사회의 가장 긴급한 과제는 바로 이 이중의 공화주의적 주체를 어떻게 단단하고 넓게 만들어나갈 것인가다.

생명과 사랑의 정치학을 위하여

도널드 트럼프, 2024년 11월 5일 미국 제47대 대통령 당선.

바이든 행정부의 '신냉전 자유주의' 시대를 넘어 보다 생태적 공존공영의 시대로 나아가는 상 중 하나로 제4부를 제안하는 이 책의 교정지를 보던 중, 트럼프가 당선되었다는 자막이 텔레비전 화면에 떴다. 노트북 키보드를 두드리던 손가락에 힘이 빠지면서 절망감이 엄습한다. 미국은 물론 전 세계는 이제 매일매일 트럼프 지진의 충격파에 전율하고 있다. 비록 신재생 에너지 산업이 대세인 현실은 되돌리기 어렵겠지만, 이미 집권 1기 때도 화석연료 산업의 이해를 충실히 대변하던 트럼프였기에 향후 기후 정치질서로의 진전에 타격을 가져올 것으로 예상된다.

세계는 마치 냉전이 부활한 듯 바이든의 미국이 중국, 러시아와 빚어내고 있는 이 심각한 갈등의 시기를 탈피하거나 극복해 진전해가기는커녕, 오히려 냉전 이전의 '도금 시대'(탐욕스러운 자본이 지배하는 정글 자본주의)나 각자도생의 보호주의 시대로 돌아가는 것처럼 보이기도 한다. 트럼프는 캠페인을 도운 화석연료 산업과 우주 산업 등 거대 자본에 이익을 돌려줄 것을 거리낌 없이 공언하고 있다. 동시에 동맹들의 팔을 비틀어 보호비를 얻어내고 중국에 관세 전쟁을 예고하는 등 미국이 선도적으로 만든 기존 자유주의 국제 질서를 스스로 무너뜨리고 있다. 이러한 퇴행의 시대에 생명공화주의 정치질서로의 이행이란 꿈만 같이 들린다.

　윤석열, 2024년 12월 3일 내란 기도.
　트럼프 재선의 후폭풍이 본격적으로 몰아닥치기도 전에 더욱 초현실적인 사건이 발생했다. 책의 마감을 목전에 앞두고 최종 교정지를 받아 든 지금도 이 기묘한 현실이 체감되지 않는다. 과거 히틀러와 나치의 박해를 피해 미국으로 망명한 유대계 독일인 정치학자 카를 뢰벤슈타인은 미국의 대통령제에 대해, 미국 국경을 넘는 순간 민주주의에 대한 죽음의 키스로 변한다고 말한 바 있다. 그럼에도 한국만은 이제껏 예외로 기억되어왔다. 자의적 통치를 남발한 박근혜 행정부를 시민과 의회가 헌정주의 방식인 탄핵으로써 평화적으로 교체한 사례가 이를 웅변한다. 하지만 미국 국경 내에서조차 오작동을 일으키던 대통령제는, 국경 바깥에서 자리 잡는 데 예외적으로 성공했다고 평가되던 한국에서조차 죽음의 키스로 변했다. 두 국가에서 대통령제는 어떤 형태로든 대대적 수술이 불가피하다. 끝도 없는 퇴행의 시대에, 자유주의적 헌정주의의 방어나 개혁을 넘어 생명공화주의 정치질서로의 대담한 이행이란 그 어느 때보다 꿈만 같이 들린다.

오늘날 대위기에 직면한 미국과 한국의 정치질서가 긴급한 전환을 이루기 위해서는 무엇이 필요한가? 일단은, 무엇보다 당장 자의적 권력을 행사하는 제왕적 행정부의 통치를 예방하거나 견제하기 위한 대대적 개혁이 우선이다. 트럼프 행정부는 트럼프 자신을 비롯해 주변의 많은 참모들까지 단일 행정부론이라는 비자유주의 이론을 신봉한다. 앞에서 언급했듯 행정부 수반인 대통령이 행정부의 권한을 행사할 때 의회의 견제를 최소화해야 한다는 이 이론은 미국 건국시조의 견제와 균형 원칙을 침해한다. 더구나 이론을 제기한 존 유조차 트럼프 진영의 무제한적 행정부 권력 행사 시도에 대해 비판적이다.[1]

윤석열 또한 한국판 최악의 단일 행정부론을 제기했다. 그는 의회의 빈번한 탄핵 시도를 빌미로, 헌법 위에 군림하는 대통령의 비상 권력과 결단을 주장했다. 2024년의 미국과 한국에는 당장 이 제왕적 대통령제를 견제할 각종 조치를 시급히 만

---

1   Crouch, Rozell & Sollenberger, 같은 책, p. 7.

들어야 하는 과제가 주어졌다. 이는 자유주의적 헌정주의 민주주의 원리를 본격적으로 구현해나가는 방향이라 할 수 있다. 의회의 행정부 견제 기능을 강화하거나, 행정부 밖에서 독립적 권한을 지닌 기구가 감찰 기능을 하게끔 하는 개혁 조치들이 일단은 급선무다. 물론 이는 시민에 대한 의회의 반응성과 시민 개입을 높이는 가운데 진행될 필요가 있다. 아울러 검찰 및 사법부에 대한 시민의 다양한 통제 기제 또한 양국이 훨씬 더 강화해나가야 한다.

하지만 이 조치들만으로 과연 충분할까? 향후 전 세계는 기후위기와 AI 발전이 가속화하면서 제도나 일상이 붕괴될 예외 사태를 과거 그 어느 때보다 더 심각하게 맞이할 가능성이 높다. 지금 트럼프와 윤석열이 만들어내는 가짜 예외 상황과 다른 진정한 예외 상황에서 미국과 한국은 가공할 만한 비상 권력('그린 리바이어던')을 자의적으로 행사할 단일 행정부론을 견뎌낼 수 있을까? 내가 이 책을 쓰고자 했던 이유 또한, 바로 지금 일어나고 있는 트럼프와 윤석열 행정부의 초법적 행위가 향후 더 일상화될 경우에 민주주의가 아예 붕괴할 수 있다는 데 있다.

위기가 본격적으로 붕괴의 임계점을 넘어서기 전에 전환의 정치를 현실화할 방법은 없을까? 그 작은 씨앗은 토마스 베리가 말한 새로운 이야기와 이를 반영한 정치적 상상력의 실험에서 찾을 수 있다. 야론 에즈라히는 "현존 민주주의가 맞닥뜨린 정치적으로 긴급한 질문은, 폭력이 아니라 평화를 증진하고 자유와 정의의 실현을 대안적으로 모색하는 정치적 상상력들 중에서 견제와 균형의 정치질서를 어떻게 발견하느냐는 것"이라고 말한다.[2] 나는 에즈라히의 질문에서 한 발 더 나아가, 민주주의 세계관과 정치 기제 — 한동안 잘 작동했고 우리에게 필요했던 정치적 상상력 — 를 원점에서부터 다시 사유하면서, 평화를 증진하고 다양한 동등성 속에서 견제와 균형의 생명 정치질서를 어떻게 구성해나갈 것인가를 묻고자 했다. 제4부와 생명공화주의 정치질서는 질문의 답이자, 필요한 정치적 상상으로서 제안된 것이다.

제4부와 생명공화주의 정치질서는 현재의 정치적 부족주의, 각종 정치적 교착 상태와 너무나도 동떨어진 규범적인 미래 목표처럼 들린다. 하지만 우리가 살고 있는 지금은 얼마 전까지만 해도 먼 미래의 초현실적 SF 시나리오 같던 주제들이 현실로 실행되는 '극단적 가속'의 시대다. 기온 상승 폭이 산업화 이전보다 섭씨 1.5도를 넘어설 경우 가속화할 기후위기 시나리오는 이제 「투모로우」 같은 재난 영화의 주제가 아니다. 과학자들은 기온 상승 폭이 2024년 이미 섭씨 1.5도를 돌파했으며, 향후 50년 내에 기온이 섭씨 2도 이상 상승해 티핑 포인트에 다다를 것으로 예측하고 있다. 유엔 사무총장 안토니우

2   Yaron Ezrahi, *Imagined Democracies*, Cambridge University Press, 2012, p. 320.

구테흐스가 2024년 7월 제78차 유엔 기후목표 정상회의에서 지구 온난화global warming 시대는 가고, 지구가 펄펄 끓는 지구 열대화global boiling 시대에 접어들었다며 강력하게 경고한 이유다. 이 같은 기후위기 과제만으로도 인류가 대처하기에 너무나 방대하고 압도적이지만, AI 과제 또한 그에 못지않다. 과거에는 먼 미래를 그린 SF 영화 주제였던 AI도 이제 벌써 되돌릴 수 없는 분기점에 대한 논의가 제기되고 있다. 그래서 구글X의 신규 사업 개발 총책임자인 모 가댓은 지금부터 중·장기적으로 더 나은 가치가 사회에 지배적으로 형성되어야만 미래의 AI가 좋은 가치를 가진 존재로 움직일 수 있다고 강조한다.[3]

두 가지 이슈는 지금까지 인류가 접해온 시공간의 감각과는 다른 차원을 작동시킨다. 이 거대한 가속과 되돌릴 수 없는 분기점을 앞둔 이 이슈들에 대응하는 데 있어, 근대의 감각으로 만들어놓은 3부 간의 견제와 균형, 하원의 신속한 반응성과 상원의 심의 이분법 등의 기제는 다분히 시대착오적인지 모른다. 이제는 과학적 상상력에 비해 너무나 지체된 사회적 상상력이 그 거대한 격차를 따라잡을 순서다.[4] 현실은 우리가 상상하는 만큼 진전된다. 오래전 베리는 아예 민주주의 개념 자체에 대한 급진적 도발을 감행하면서 생태대, 지구법, 바이오크라

---

3   가댓, 같은 책.

4   이원재 외, 『소셜픽션 지금 세계는 무엇을 상상하고 있는가』, 어크로스, 2014.

시 같은 생경하고 이상주의적인 개념을 제시했다. 그가 예언한 미래는 윌리엄 깁슨의 표현처럼 이미 우리에게 와 있다. 마찬가지로 그가 던진 바이오크라시의 화두 또한 현실화할 수 있는 중요한 분기점에 와 있다. 이제는 새로운 질문과 답을 긴급히 던져야 하는 시점이다.

베리의 우려가 현실이 된 지금, 다시 「서문」에서 인용한 오카시오-코르테즈 하원 의원과 장혜영 전 의원의 질문으로 돌아온다. 오카시오-코르테즈 하원 의원은 미래 세대가 맞이할 "끔찍한 미래"에 대한 우리의 책임 윤리를 제기했으며, 장혜영 전 의원은 이 끔찍한 가능성을 희망의 가능성으로 전환하기 위해 질문을 던졌다. 이제는 두 밀레니얼 세대의 질문에 이론적이고도 실천적으로 답을 탐구해나갈 차례다.

두 사람의 질문에 답하기 위해 치열하게 모색해나가는 동력은 베리의 우주론까지 가지 않더라도, 그저 모든 취약한 존재에 대한 염려와 연결의 감각에서 찾을 수 있을 것이다. 앞에서 나는 토마스 베리와 마사 누스바움의 공통 감각으로서 다른 존재에 대한 염려와 친교, 상호 돌봄을 강조한 바 있다. 즉 사랑과 영성의 사유 방식이다. 서구 근대의 주류 정치학은 합리적 소통과 제도적 배열에 집착하는 과정에서 마음이라는 중요한 토대를 간과하는 우를 범했다. 한국에서도 서구화에 치중하면서 과거 동학 등이 제시한 우주론과 생명 사상을 망각하고 말았다. 기존 제도의 정치학과 반대로 혁명적 사랑의 정치학은 생명공화주의로 가는 연료다. 파커 J. 파머가 말한 것처럼, "기쁨은 사랑의 선물이다. 슬픔은 사랑의 대가이다. 분노는 사랑하는 대상을 지키는 힘이다."[5] 기쁨과 슬픔, 분노를 동시에 안고 모든 취약한 존재를 지키고자 하는 마음이 확장되어갈 때 생태대로 나아갈 수 있다.

　　아직 국내외적으로 생명공화주의의 가치와 사랑의 정치학은 너무나 미약하다. 생태대는커녕 기업 국가가 강화되고 기술대의 장기 지배로 이행할 가능성이 훨씬 크다. 바이오크라시는커녕, 제4부를 통해 미래를 내다보고 이에 대한 윤리적 책임을 부여하려는 시도는 어쩌면 비극적 운명으로 귀결된 프로메테우스의 꿈만큼이나 허망할지도 모른다.[6] 아니, 오히려 알베르트 슈바이처의 예견이 오늘날 현실에 더 부합하는 듯 보인다. "인간은 미래를 예견하고 앞지르는 능력을 잃어버렸다. 인간은 마침내 지구를 파괴할 것이다."[7]

　　베리는 매우 신랄하게 우리 스스로를 비판한다. 그는 만약 비인간 생명체들의 의회가 있다면 그 의회의 첫 활동은 인간을

5　파커 J. 파머, 『모든 것의 가장자리에서』, 김찬호·정하린 옮김, 글항아리, 2018, p. 214.

6　박정수, 『오이디푸스, 장애인 되다』, 그린비, 2024, p. 63. 박정수는 이 책에서 프로메테우스는 미래를 내다보는 지혜가 세상을 발전시킨다고 믿었기에 처절한 희생을 스스로 감내했다고 지적한다.

7　베리, 『지구의 꿈』, p. 306.

공동체로부터 추방하는 투표일 것이라고 단언한다.[8] 그런 점에서 민주주의를 넘어 바이오크라시로 최종 이행한다는 생태대의 꿈은 어쩌면 반反인간주의의 꿈인지도 모른다. 하지만 이토록 인류의 인간중심주의에 통렬한 자기비판을 내놓았음에도 토마스 베리는 희망을 버리지 않는다.

한강, 2024년 12월 7일 노벨상 수상자 강연.

오래전 토마스 베리의 희망의 이야기에서 영감을 받아 이 책을 집필하기로 결심한 나는 아직 희망이란 단어를 포기할 수 없다. 트럼프와 윤석열의 폭거로 점철된 절망의 연말은, 한강의 노벨문학상 수상이라는 희망의 연말이기도 하다. 한강은 "희망이 있을 거라고 희망하는 것도 희망"이라고 스웨덴 스톡홀름에서 열린 노벨문학상 수상 기념 기자 간담회에서 담담하게 밝혔다. 이어 열린 수상자 강연에서는 다음과 같이 스스로에게 질문을 던졌다.

"어쩌면 내 모든 질문들의 가장 깊은 겹은 언제나 사랑을 향하고 있었던 것 아닐까?"

한강의 말처럼, 사랑은 우리의 가슴과 가슴 사이를 연결하고 죽은 자와 산 자를 연결한다. 한강은 강연에서 이런 질문 또한 던졌다.

---

8   같은 책, p. 313.

"우리는 얼마나 깊게 폭력을 거부할 수 있는가? 그걸 위해 더 이상 인간이라는 종에 속하기를 거부하는 이에게 어떤 일이 일어나는가?"

한강의 질문들은 마치 시공간을 초월해, 과거와 현재 그리고 미래가 동시에 우리에게 던지는 화두 같다. 한강은 "과거가 현재를 도울 수 있는"지, "죽은 자가 산 자를 구할 수 있는"[9]지를 묻는다. 한강이 죽은 자를 언급할 때, 나는 머릿속으로 토마스 베리를 떠올렸다. 2009년 세상을 떠난 그는 아마 한강의 인간 종의 미래에 대한 질문에 다음의 구절을 다시 들려주며 화답하리라고 나는 확신한다.

> 지금은 결정적인 순간이다. 그러나 우리가 홀로 미래의 일을 결정하고 있다고 느껴서는 안 된다. 지구 공동체에 의해 구체화되는 미래는 전체 지구, 즉 지구의 모든 구성원, 인간뿐만 아니라 지질학적 구성원과 생물학적 구성원 그 모두가 갖고 있는 유기적 기능의 통일성에 의존한다.[10]

---

9   한강, 「빛과 실」, 2024 노벨문학상 수상자 강연, 2024. 12. 7.
10   베리, 『지구의 꿈』, p. 52.

참고문헌

가댓, 모, 『AI 쇼크, 다가올 미래 — 초대형 AI와 어떻게 공존해야 하는가』,
　　강주헌 옮김, 한국경제신문, 2023.

강규환, 「산업화의 진전과 자연훼손」, 신문수 엮음, 『미국의 자연관 변천과
　　생태의식』, 서울대학교출판문화원, 2010.

강금실, 『지구를 위한 변론 — 미래 세대와 자연의 권리를 위하여』, 김영사,
　　2021.

───── 외, 『지구를 위한 법학 — 인간중심주의를 넘어 지구중심주의로』,
　　서울대학교출판문화원, 2020.

김상준, 『미지의 민주주의 — 신자유주의 이후의 사회를 구상하다』, 아카넷,
　　2009.

김왕배, 「'비인간 존재'에 대한 사유와 정치의 재구성」, 지구법학회, 『지구법학』,
　　문학과지성사, 2023, pp. 193~254.

김예슬, 『촛불혁명 — 2016 겨울 그리고 2017 봄, 빛으로 쓴 역사』, 느린걸음,
　　2017.

김주환, 『내면소통 — 삶의 변화를 가져오는 마음근력 훈련』, 인플루엔셜, 2023.

남종영, 「동물에게도 필요한 기후정의」, 『한겨레』 2024. 6. 6.

누스바움, 마사, 『정치적 감정 — 정의를 위해 왜 사랑이 중요한가』, 박용준
　　옮김, 글항아리, 2019.

─────, 『동물을 위한 정의 — 번영하는 동물의 삶을 위한 우리 공동의 책임』,
　　이영래 옮김, 알레, 2023.

라투르, 브뤼노, 『지구와 충돌하지 않고 착륙하는 방법 — 신기후체제의 정치』,
　　박범순 옮김, 이음, 2021.

───── ·니콜라이 슐츠, 『녹색 계급의 출현 — 스스로를 의식하고
　　자랑스러워하는』, 이규현 옮김, 이음, 2022.

랑시에르, 자크, 『정치적인 것의 가장자리에서』, 양창렬 옮김, 도서출판 길,
　　2008.

리프킨, 제러미, 『유러피언 드림 — 아메리칸 드림의 몰락과 세계의 미래』,

이원기 옮김, 민음사, 2005.

마넹, 버나드,『선거는 민주적인가 ─ 현대 대의 민주주의의 원칙에 대한
　　　비판적 고찰』, 곽준혁 옮김, 후마니타스, 2004.

미첼, 티머시,『탄소 민주주의 ─ 화석연료 시대의 정치권력』,
　　　에너지기후정책연구소 옮김, 생각비행, 2017.

박정수,『오이디푸스, 장애인 되다 ─ 장애학자가 들려주는 그리스 비극
　　　이야기』, 그린비, 2024.

박정진,『네오샤머니즘 ─ 생명과 평화의 철학』, 살림, 2018.

백승욱,『자본주의 역사 강의 ─ 세계체계 분석으로 본 자본주의의 기원과
　　　미래』, 그린비, 2006.

베넷, 제인,『생동하는 물질 ─ 사물에 대한 정치생태학』, 문성재 옮김,
　　　현실문화, 2020.

베리, 토마스,『토마스 베리의 위대한 과업 ─ 미래로 향한 우리의 길』, 이영숙
　　　옮김, 대화문화아카데미, 2009.

─────,『지구의 꿈』, 맹영선 옮김, 대화문화아카데미, 2013.

─────,『황혼의 사색 ─ 성스러운 공동체인 지구에 대한 성찰』, 박만 옮김,
　　　한국기독교연구소, 2015.

───── · 토마스 클락,『신생대를 넘어 생태대로 ─ 인간과 지구의 화해를 위한
　　　대화』, 김준우 옮김, 에코조익, 2006.

───── · 브라이언 스웜,『우주 이야기』, 맹영선 옮김, 대화문화아카데미, 2010.

보셀만, 클라우스,「자연의 경계를 넘는 신탁 관리 Trusteeship」,『생태대를 위한
　　　PLZ 포럼 2020 자료집』, 2020.

브레넌, 제이슨,『민주주의에 반대한다 ─ 무능한 민주주의를 향한 도전적
　　　비판』, 홍권희 옮김, 아라크네, 2023.

비에이라, 모니카 브리투 · 데이비드 런시먼,『대표 ─ 역사, 논리, 정치』, 노시내
　　　옮김, 후마니타스, 2020.

세르비뉴, 파블로 · 라파엘 스테방스,『붕괴의 사회정치학』, 강현주 옮김,
　　　에코리브르, 2022.

손향구,「자연과학의 관점에서 바라본 가이아」,『과학기술학연구』22(1), 2022,
　　　pp. 4~33.

신지혜 외,『기후 돌봄』, 산현글방, 2024.

아렌트, 한나,『혁명론』, 홍원표 옮김, 한길사, 2004.

─────,『책임과 판단』, 서유경 옮김, 필로소픽, 2019.

안병진,『민주화 이후 민주주의와 보수주의 위기의 뿌리 ─ 민주공화국의

실패와 '부자 민중선동가'의 등장』, 풀빛, 2008.

─── ,『미국의 주인이 바뀐다 ─ 건국 이후 첫 주류 교체와 미국 문명의
새로운 패러다임』, 메디치, 2016.

─── ,『예정된 위기 ─ 북한은 제2의 쿠바가 될 것인가?』, 모던아카이브, 2018.

─── ,『트럼프, 붕괴를 완성하다』, 스리체어스, 2019.

─── · 임채원, 「민주주의론은 기후위기를 극복할 수 있는가?」,『생태대를
위한 PLZ 포럼 2019 자료집』, 2019.

양해림,『한스 요나스의 생태학적 사유 읽기 ─『책임의 원칙』독해』,
충남대학교출판문화원, 2013.

오레스케스, 나오미 · 에릭 M. 콘웨이,『다가올 역사, 서양 문명의 몰락 ─ 300년
후 미래에서 위기에 처한 현대 문명을 바라보다』, 홍한별 옮김,
갈라파고스, 2015.

올리어리, 케빈,『민주주의 구하기 ─ 미국에서 날아온 하나의 혁신적 개혁
모델』, 이지문 옮김, 글항아리, 2014.

웅거, 로베르토,『주체의 각성 ─ 사회개혁의 철학적 문법』, 이재승 옮김, 앨피,
2012.

윌커슨, 이저벨,『카스트 ─ 가장 민주적인 나라의 위선적 신분제』, 이경남
옮김, 알에이치코리아, 2022.

요나스, 한스,『책임의 원칙 ─ 기술 시대의 생태학적 윤리』, 이진우 옮김,
서광사, 1994.

우석영, 「현장에서 길어 올린 공동체 기후행동」,『바람과물』11, 2024.

윤세리, 「'미래 세대' 위해 청년비례대표제 · 미래영향평가제 도입을」,
『조선일보』2022. 4. 27.

이송희일,『기후위기 시대에 춤을 추어라 ─ 기후-생태 위기에 대한 비판과
전망』, 삼인, 2024.

이원재 외,『소셜픽션 지금 세계는 무엇을 상상하고 있는가』, 어크로스, 2014.

이유진, 「"자연파괴 이제 그만하라 1"」,『오마이뉴스』2003. 10. 20.

이진경 · 최유미,『지구의 철학 ─ 모면할 길 없는 기후위기 시대의 삶에 부침』,
그린비, 2024.

임소희,『나누는 사람들』1~2월 호, 나눔문화, 2019.

주요섭,『한국 생명운동과 문명전환』, 풀씨, 2023.

지현영, 「기업경영과 네이처 포시티브」,『서울대학교 법학연구소 · 지구법학회
공동 학술대회 ─ 자연을 위한 법적 담론 자료집』, 2024, pp. 15~18.

컬리넌, 코막,『야생의 법 ─ 지구법 선언』, 포럼 지구와사람 기획, 박태현 옮김,

로도스, 2016.

코켈버그, 마크, 『그린 리바이어던 — 기후위기와 AI 시대에 인간의 자유는 어디까지 가능한가』, 김동환·최영호 옮김, 씨아이알, 2023.

콘스탄티노, 코스탄자, 「바이오크라시Biocracy에서 생명 외교Biodiplomacy까지 — 자연, 법, 윤리」, 『생태대를 위한 PLZ 포럼 2020 자료집』, 2020.

터커, 메리 에벌린·존 A. 그림·앤드루 언절, 『토마스 베리 평전 — 생태 사상의 선구자』, 이재돈·이순 옮김, 파스카, 2023.

테일러, 폴 W., 『자연에 대한 존중 — 생명 중심주의 환경 윤리론』, 김영 옮김, 리수, 2020.

파머, 파커 J., 『모든 것의 가장자리에서 — 나이듦에 관한 일곱 가지 프리즘』, 김찬호·정하린 옮김, 글항아리, 2018.

하먼, 그레이엄, 『네트워크의 군주 — 브뤼노 라투르와 객체지향 철학』, 김효진 옮김, 갈무리, 2019.

하벨, 바츨라프, 『불가능의 예술 — 실천 도덕으로서의 정치』, 이택광 옮김, 경희대학교출판문화원, 2016.

하트만, 톰, 『기업은 어떻게 인간이 되었는가 — 인간의 권리를 탐하는 거대 기업의 음모』, 이시은 옮김, 어마마마, 2014.

해밀턴, 알렉산더·제임스 매디슨·존 제이, 『페더럴리스트 페이퍼스』, 김동영 옮김, 한울, 2024.

Ackerman, Bruce, *We the People, Vol 1: Foundations*, Harvard University Press, 1993.

———, *Before the Next Attack: Preserving Civil Liberties in an Age of Terrorism*, Yale University Press, 2006.

Ahn, Byong Jin, "The Fourth Branch of Government," Athens Democracy Forum, 2023. 9. 27.

Arenberg, Richard A. & Robert B. Dove, *Defending the Filibuster: The Soul of the Senate*, Indiana University Press, 2012.

Bauer, Bob & Jack Goldsmith, *After Trump: Reconstructing the Presidency*, Lawfare Press, 2020.

Bennet, Jane, *Vibrant Matter: A Political Ecology of Thing*, Duke University Press, 2010.

Block, Fred, *Capitalism: The Future of an Illusion*, University of California Press, 2018.

Bouie, Jamelle, "The Senate Is Getting Less Democratic by the Minute," *New York*

Times 2023. 11. 21.

Curry, James & Frances E. Lee, *The Limits of Party: Congress and Lawmaking in a Polarized Era*, University of Chicago Press, 2020.

Dahl, Robert A., *How Democratic is the American Constitution?*, Yale University Press, 2003.

Davenport, Coral, "You've Never Heard of Him, but He's Remaking the Pollution Fight," *New York Times* 2023. 5. 28.

Drutman, Lee, *Breaking the Two-Party Doom Loop: The Case for Multiparty Democracy in America*, Oxford University Press, 2020.

Eckersley, Robyn, *The Green State: Rethinking Democracy and Sovereignty*, MIT Press, 2004.

Eisen, Norman(ed.), *Overcoming Trumpery: How to Restore Ethics, the Rule of Law, and Democracy*, Brookings Institution Press, 2022.

Ezrahi, Yaron, *Imagined Democracies: Necessary Political Fictions*, Cambridge University Press, 2012.

Feldman, Noah, *The Broken Constitution: Lincoln, Slavery, and the Refounding of America*, Picador, 2021.

Ferguson, Andrew Guthrie, *Why Jury Duty Matters: A Citizen's Guide to Constitutional Action*, New York University Press, 2012.

Fiorino, Daniel J., *Can Democracy Handle Climate Change?*, Polity, 2018.

Fotopoulos, Takis, *Towards an Inclusive Democracy: The Crisis of the Growth Economy and the Need for a New Liberatory Project*, Continuum, 1997.

Fraser, Nancy & Rahel Jaeggi, *Capitalism: A Conversation in Critical Theory*, Polity, 2018.

Fukuyama, Francis, "Vetocracy and Climate Adaptation," *American Purpose*, 2022. 12. 19.

Gabardi, Wayne, *The Next Social Contract: Animals, the Anthropocene, and Biopolitics*, Temple University Press, 2017.

Gerstle, Gary, *The Rise and Fall of the Neoliberal Order: America and the World in the Free Market Era*, Oxford University Press, 2022.

Glennon, Michael J., *National Security and Double Government*, Oxford University Press, 2014.

Goldstein, Judith, *Ideas, Interests, and American Trade Policy*, Cornell University Press, 1993.

———— & Robert O. Keohane, "Ideas and Foreign Policy: An Analytical Framework," in Judith Goldstein & Robert O. Keohane(eds.), *Ideas and Foreign Policy: Beliefs, Institutions, and Political Change*, Cornell University Press, 1993.

Gourevitch, Peter A., "Keynesian Politics: The Political Sources of Economic Policy Choices," in Peter A. Hall(ed.), *The Political Power of Economic Ideas: Keynesianism across Nations*, Princeton University Press, 1989.

————, *Politics in Hard Times: Comparative Responses to International Economic Crises*, Cornell University Press, 1986.

Guo, Kayla, "Members of Congress Head for the Exits, Many Citing Dysfunction," *New York Times* 2023. 11. 26.

Hall, Peter A., *Governing the Economy: The Politics of State Intervention in Britain and France*, Oxford University Press. 1986.

Hirschman, Albert O., *Shifting Involvement: Private Interest and Public Action*, Blackwell, 1982.

————, "How the Keynesian Revolution Was Exported from the United States, and Other Comments," Peter A. Hall(ed.), *The Political Power of Economic Ideas: Keynesianism across Nations*, Princeton University Press, 1989.

Jentleson, Adam, *Kill Switch: The Rise of the Modern Senate and the Crippling of American Democracy*, Liveright, 2021.

Jiang, Qing, *A Confucian Constitutional Order: How China's Ancient Past Can Shape Its Political Future*, Edmund Ryden(trans.), Daniel A. Bell & Ruiping Fan(eds.), Princeton University Press, 2013.

Kagan, Robert, *Dangerous Nation: America's Foreign Policy from Its Earliest Days to the Dawn of the Twentieth Century*, Vintage, 2007.

Laín, Bru & Edgar Manjarín, "Private, Public and Common. Republican and Socialist Blueprints," *Theoria* 69(171), 2022, pp. 49~73.

Leib, Ethan J., *Deliberative Democracy in America: A Proposal for a Popular Branch of Government*, Penn State University Press, 2004.

Levinson, Sanford & Jack M. Balkin, *Democracy and Dysfunction*, University of Chicago Press, 2019.

Maier, Pauline, *Ratification: The People Debate the Constitution, 1787-1788*, Simon & Schuster, 2011.

Malm, Andreas, *Corona, Climate, Chronic Emergency: War Communism in the Twenty-First Century*, Verso, 2020.

Martin, W. Thomson, *From Democracy to Biocracy: Finding the River of Life*, Friesen Press, 2016.

McKenzie, Robert Tracy, *We the Fallen People: The Founders and the Future of American Democracy*, IVP Academic, 2021.

Moore, Sam & Alex Roberts, *The Rise of Ecofascism: Climate Change and the Far Right*, Polity, 2022.

Nedelsky, Jennifer, *Law's Relations: A Relational Theory of Self, Autonomy, and Law*, Oxford University Press, 2011.

Norris, Pippa & Ronald Inglehart, *Cultural Backlash: Trump, Brexit, and Authoritarian Populism*, Cambridge University Press, 2019.

Nussbaum, Martha C., *Justice for Animals: Our Collective Responsibility*, Simon & Schuster, 2023.

Ocasio-Cortez, Alexandria, "Alexandria Ocasio-Cortez's voice cracks during speech on climate change," C40 World Mayors Summit, 2019. 10. 11.

Papandreou, George A., "We Need a Fourth Branch of Government," *New York Times* 2019. 10. 6.

Persily, Nathaniel(ed.), *Solution to Political Polarization in America*, Cambridge University Press, 2015.

Plotke, David, *Building a Democratic Political Order: Reshaping American Liberalism in the 1930s and 1940s*, Cambridge University Press, 1996.

Rosenfeld, Sam, *The Polarizers: Postwar Architects of Our Partisan Era*, University of Chicago Press, 2017.

Sabato, Larry J., *A More Perfect Constitution: 23 Proposals to Revitalize Our Constitution and Make America a Fairer Country*, Bloomsbury USA, 2008.

Schattschneider, E. E., *The Semisovereign People: A Realist's View of Democracy in America*, Harcourt Brace Jovanovich College Publishers, 1975.

Schiller, Wendy J. & Charles Stewart, *Electing the Senate: Indirect Democracy before the Seventeenth Amendment*, Princeton University Press, 2015.

Schlesinger Jr., Arthur M., *The Vital Center: Politics of Freedom*, Routledge, 1997.

Shearman, David J. C. & Joseph Wayne Smith, *The Climate Change Challenge and the Failure of Democracy*, Praeger, 2007.

Skowronek, Stephen, John A. Dearborn & Desmond King, *Phantoms of a Beleaguered Republic: The Deep State and the Unitary Executive*, Oxford University Press, 2022.

Speth, James Gustave, *They Knew: The US Federal Government's Fifty-Year Role in Causing the Climate Crisis*, MIT Press, 2022.

Suri, Jeremi, *The Impossible Presidency: The Rise and Fall of America's Highest Office*, Basic Books, 2017.

Tremmel, Joerg Chet, *A Theory of Intergenerational Justice*, Routledge, 2009.

Vargas, Ramon Antonio, "Liz Cheney hopes for Democratic win with US 'sleepwalking into dictatorship,'" *Guardian* 2023. 12. 4.

West, Darrell, *Power Politics: Trump and the Assault on American Democracy*, Brookings Institution Press, 2022.

Wiarda, Howard, *Divided America on the World Stage: Broken Government and Foreign Policy*, Potomac Books, 2009.

Zaretsky, Eli, *Why America Needs a Left: A Historical Argument*, Polity, 2012.

Ziblatt, Daniel, *Conservative Parties and the Birth of Democracy*, Cambridge University Press, 2017.

Zolberg, Aristide, *How Many Exceptionalisms?: Explorations in Comparative Macroanalysis*, Temple University Press, 2008.

총서를 내며

　지구와사람은 2015년 파리기후협약의 타결로 전 세계가 신新기후 체제로 전환되던 해에 국내의 다양한 영역의 전문가들이 모여 창립한 단체이다. 신기후 체제의 세계는 예상치 못한 전쟁을 겪으면서도, 유엔을 중심으로 각국이 약속한 공통된 비전으로서 "2050년 탄소중립과 자연과의 조화"를 실현하기 위해 한 걸음씩 나아가고 있다. 이러한 시대적 배경 아래 창립된 지구와사람은 전 지구적·문명적 패러다임을 전환하기 위해 노력해왔다.

　미국 사상가 토마스 베리Thomas Berry(1914~2009)는 인간으로 인해 대멸종을 맞은 신생대를 극복하기 위한 새로운 지질시대적 개념으로 생태대Ecozoic Era를 제안했다. 지구와사람은 지구와 인간이 조화롭게 공존한다는 의미를 담은 생태대를 지향하는 사람들의 지식 공동체다. 지구와사람이 추구하는 생태대 문명론은 인간의 공동체를 넘어 지구 공동체의 제도적 기반 연구와 문화 창조를 내포한다. 이를 위한 기초로서 지구와사람은 우주와 지구 진화론의 과학적 관점에서 인간의 역할을 성찰하는 통합 생태석 세계관, 인간 외 존재More than Human의 정치 참여를 통해 온전한 지구적 거버넌스를 실현하기 위한 바이오크라시Biocracy, 2001년 이후 전 세계적으로 확장되고 있는 자연의 권리론 중심의 지구법학Earth Jurisprudence 등 새로운 담론 성장을 위한 학술 연구 사업을 펼치고 있다. 또한 대안 문명적 학술 사업을 바탕으로 교육론을 정립하고 문화 사업을 하고 있다.

세계는 생태대를 지향하는 움직임과 기술대Technozoic Era를 지향하는 움직임 간에 길항과 융합이 뒤섞이며 위태로운 희망을 향해 가고 있다. 지구와사람은 이원론적 세계관을 넘어 새로운 제도와 문화를 창조하면서, 생태대를 지향하는 지식 공동체의 자세를 견지해나가고자 한다. 인간은 지구에서 유일하게 성찰적으로 사유하고 도구를 사용하여 문명을 일으킨 존재다. 우주와 지구 질서에 부합하며 다른 존재와의 균형과 공존을 이루는 것이 참된 인간다운 삶일 터다. 미래를 향한 큰길을 내어가는 과정에 미력하나마 각자의 소명을 다하여 기여하고자 한다.

지구와사람은 창립 이후 꾸준히 생태대를 주제로 학술 대회를 열고 책을 출간해왔다. 2023년부터는 문학과지성사와의 협업으로 지구와사람 총서를 발간하고 있다. 총서를 통해 우리의 비전을 나누면서, 뜻을 같이하는 독자들과 공감하고 소통하게 되어 매우 뜻깊고 기쁘게 생각한다. 독자 여러분과 함께 호흡하며 성장하고 발전하는 모습을 보이도록 더욱 노력하겠다는 약속을 드린다.

지구와사람